新管理

商道

钱教授讲堂
案例分析与点评

钱志新 著

企业管理出版社
ENTERPRISE MANAGEMENT PUBLISHING HOUSE

图书在版编目（CIP）数据

新管理商道：钱教授讲堂案例分析与点评 / 钱志新著 . — 北京：企业管理出版社，2021.3

ISBN 978-7-5164-2342-4

I. ①新… II. ①钱… III. ①企业管理 IV. ① F272

中国版本图书馆 CIP 数据核字 (2021) 第 049363 号

书　　名：新管理商道——钱教授讲堂案例分析与点评
作　　者：钱志新
责任编辑：杨慧芳
书　　号：ISBN 978-7-5164-2342-4
出版发行：企业管理出版社
地　　址：北京市海淀区紫竹院南路 17 号　邮编：100048
网　　址：http://www.emph.cn
电　　话：发行部（010）68701816　编辑部（010）68420309
电子信箱：314819720@qq.com
印　　刷：河北宝昌佳彩印刷有限公司
经　　销：新华书店
规　　格：710 毫米 ×1000 毫米　16 开本　14.5 印张　236 千字
版　　次：2021 年 4 月第 1 版　2021 年 4 月第 1 次印刷
定　　价：58.00 元

版权所有　翻印必究　印装有误　负责调换

前言 preface

21世纪以来，新科技革命迅猛到来，并呈现加速度发展态势，对经济与社会带来前所未有的影响。新科技革命的核心是数字革命，从无限劳动力走向无限计算力，以无限计算力驱动无限创造力，这是新世纪伟大的变革。

《新管理商道——钱教授讲堂案例分析与点评》一书共有220讲，每讲分三部分，包括商道案例、点评和管理论语。数字时代是管理的大变革，本书主要介绍管理变革的新思维，每个案例由一个小故事引出，内容丰富、生动有趣；点评是对案例的理性思考，起到画龙点睛的作用；管理论语讲解的是新管理知识，含义深刻，发人深思。

数字革命引领大家走上数字高速公路的大道，本书旨在为新时代的企业家和创业者"加速换道"。"数商"带领大家跨入数字世界的全新领域。在数字大时代，企业管理面临新的革命，企业的数字化能力将成为核心竞争力。传统企业有三大能力：一是生产能力，现在已显著过剩；二是营销能力，现在竞争十分激烈；三是研发能力，现在存在不足。企业应该增加第四个能力，即数字化能力，用数字化能力来赋能以上三个能力。企业新价值=（生产能力+营销能力+研发能力）×数字化能力，通过数字赋能提升企业创造价值的能力，企业价值将会倍增。本书为企业管理这场大变革提供全新的认知能力和实践指导，这将是出版新著的根本宗旨。

钱志新

目 录 contents

第 1 讲	财散人聚	/1	第 23 讲	小厂大平台	/23
第 2 讲	"优""势"兼备	/2	第 24 讲	培训刚需	/24
第 3 讲	核心资源	/3	第 25 讲	诚信为本	/25
第 4 讲	资源整合	/4	第 26 讲	巧助贫困生	/26
第 5 讲	卖服务送产品	/5	第 27 讲	科技源头	/27
第 6 讲	软件价值	/6	第 28 讲	传承创新	/28
第 7 讲	现金流为王	/7	第 29 讲	富裕之心	/29
第 8 讲	服务无止境	/8	第 30 讲	创意营销	/30
第 9 讲	客户大管家	/9	第 31 讲	知识结构	/31
第 10 讲	成功概率	/10	第 32 讲	大雁效应	/32
第 11 讲	客户互动管理	/11	第 33 讲	专业外包	/33
第 12 讲	特色经营	/12	第 34 讲	设备共享	/34
第 13 讲	刚柔宏微	/13	第 35 讲	业务与服务	/35
第 14 讲	理发平台	/14	第 36 讲	数字化红利	/36
第 15 讲	速度取胜	/15	第 37 讲	数据推送	/37
第 16 讲	清仓查库	/16	第 38 讲	品牌定位	/38
第 17 讲	婴儿哭声	/17	第 39 讲	差异化经营	/39
第 18 讲	电影分析	/18	第 40 讲	差旅外包	/40
第 19 讲	数据高维	/19	第 41 讲	情感需求	/41
第 20 讲	绿皮车与动车	/20	第 42 讲	特别理发	/42
第 21 讲	一钱数用	/21	第 43 讲	"四吧"一体	/43
第 22 讲	经营微商	/22	第 44 讲	内部创客	/44

第45讲	跨界发展	/45	第76讲	适用技术	/76
第46讲	精准维保	/46	第77讲	意义革命	/77
第47讲	数据检测	/47	第78讲	知识复制	/78
第48讲	协同商务	/48	第79讲	客户创新	/79
第49讲	泛能网	/49	第80讲	体制外创新	/80
第50讲	众筹旅游	/50	第81讲	诚信是金	/81
第51讲	数字足球	/51	第82讲	价值观的力量	/82
第52讲	造车新设计	/52	第83讲	共享医疗	/83
第53讲	市场升级	/53	第84讲	整合生产力	/84
第54讲	创业格局	/54	第85讲	两种试错	/85
第55讲	第三方买单	/55	第86讲	经营业主	/86
第56讲	敏捷供应链	/56	第87讲	数据价值	/87
第57讲	时间就是金钱	/57	第88讲	培训增值	/88
第58讲	质量保证	/58	第89讲	学习加速度	/89
第59讲	外包赋能	/59	第90讲	经验财富	/90
第60讲	创新速度	/60	第91讲	第二人生	/91
第61讲	"微笑曲线"左方	/61	第92讲	在线养羊	/92
第62讲	虚拟经营	/62	第93讲	钢铁服务业	/93
第63讲	盲目多元化	/63	第94讲	分享衣柜	/94
第64讲	值钱企业	/64	第95讲	旅游餐厅	/95
第65讲	共享平台	/65	第96讲	居安思危	/96
第66讲	精准信贷	/66	第97讲	丰田模式	/97
第67讲	机器人评估	/67	第98讲	小进即退	/98
第68讲	朝三暮四	/68	第99讲	猜读书法	/99
第69讲	无工不穷	/69	第100讲	学习创新	/100
第70讲	两次合作	/70	第101讲	坚持就是胜利	/101
第71讲	软件需服务	/71	第102讲	压力之谜	/102
第72讲	贵在尝试	/72	第103讲	"痛点"为要	/103
第73讲	时代性差距	/73	第104讲	高人为伍	/104
第74讲	危机处理	/74	第105讲	微创新	/105
第75讲	精益经营	/75	第106讲	数据网红	/106

第107讲	"大富豪"	/107	第138讲	长期主义	/138
第108讲	保险引擎	/108	第139讲	求异思维	/139
第109讲	供应链金融	/109	第140讲	职业经理人	/140
第110讲	品牌经营	/110	第141讲	驱动升级	/141
第111讲	合作经营	/111	第142讲	现场即市场	/142
第112讲	"拿来"的品牌	/112	第143讲	新型供应链	/143
第113讲	产业思维	/113	第144讲	情绪化损失	/144
第114讲	专利开源	/114	第145讲	"两合"并购	/145
第115讲	红领CZM	/115	第146讲	洞察商机	/146
第116讲	城市先知	/116	第147讲	善做减法	/147
第117讲	工厂大脑	/117	第148讲	不断否定	/148
第118讲	优势融合	/118	第149讲	大自然报复	/149
第119讲	智能餐饮	/119	第150讲	虚拟产业园平台	/150
第120讲	无形价值	/120	第151讲	存量服务	/151
第121讲	轻资产经营	/121	第152讲	设计定制	/152
第122讲	转换思路	/122	第153讲	体验为先	/153
第123讲	废寝忘食	/123	第154讲	经验软件化	/154
第124讲	数据最真实	/124	第155讲	虚拟服务商	/155
第125讲	质量标准	/125	第156讲	不走寻常路	/156
第126讲	薪酬制度	/126	第157讲	宅经济	/157
第127讲	下蛋母鸡	/127	第158讲	决策定力	/158
第128讲	从新定义公司	/128	第159讲	深度思考	/159
第129讲	接受阵痛	/129	第160讲	声音赚钱	/160
第130讲	人性化体验	/130	第161讲	"1+N"价值链	/161
第131讲	第一因素	/131	第162讲	创新生态园	/162
第132讲	变道交通	/132	第163讲	乡村旅游	/163
第133讲	预见未来	/133	第164讲	业务新价值	/164
第134讲	协同文化	/134	第165讲	全球本土化	/165
第135讲	复盘价值	/135	第166讲	虚拟毕业典礼	/166
第136讲	经验来自过程	/136	第167讲	禅文化	/167
第137讲	正面与负面	/137	第168讲	参与感	/168

第169讲 沟通为要	/169	
第170讲 负面情绪	/170	
第171讲 企业服务业	/171	
第172讲 数字化员工	/172	
第173讲 数字大脑	/173	
第174讲 人才活力	/174	
第175讲 小店赋能	/175	
第176讲 组合创造	/176	
第177讲 集群效应	/177	
第178讲 危机即生机	/178	
第179讲 数据收集	/179	
第180讲 机器人员工	/180	
第181讲 创新孵化	/181	
第182讲 新工科	/182	
第183讲 关系数据	/183	
第184讲 反复归零	/184	
第185讲 两个"美的"	/185	
第186讲 全方位服务	/186	
第187讲 意外收获	/187	
第188讲 智能推荐	/188	
第189讲 内创业	/189	
第190讲 开发右脑	/190	
第191讲 正确的难事	/191	
第192讲 创业感言	/192	
第193讲 电商生态城	/193	
第194讲 首问负责	/194	
第195讲 无条件承诺	/195	
第196讲 首席体验官	/196
第197讲 "卖水"之道	/197
第198讲 长线思维	/198
第199讲 吃饭话题	/199
第200讲 产品气质	/200
第201讲 咨询广告	/201
第202讲 概率优势	/202
第203讲 跨界思维	/203
第204讲 迁移学习	/204
第205讲 群体智能	/205
第206讲 敢于试错	/206
第207讲 第二曲线	/207
第208讲 新基建	/208
第209讲 非标生产	/209
第210讲 系统集成	/210
第211讲 产业生态化	/211
第212讲 工业大数据	/212
第213讲 灯联网	/213
第214讲 微业贷	/214
第215讲 组合创新	/215
第216讲 厚德载物	/216
第217讲 自我进化	/217
第218讲 重在方式	/218
第219讲 金融科技	/219
第220讲 智人启示	/220
后　记	/221

第1讲　财散人聚

商道案例

"红顶商人"胡雪岩是清代后期盛极一时的大富商。胡雪岩安徽故居的院子中有三口水缸是套在一起的：小缸在里边，中缸在中间，大缸在外边。这是胡家教诲子孙的传家之物，蕴含其分配财富的经营理念。用三口缸中的水来比喻企业每年赚的钱要分三部分来分配，其中小缸里的水是自家的，自己得最小的一部分；中间水缸的水是员工的，作为给员工的回报；外边大缸的水是社会的，作为对社会的贡献。

点评

胡雪岩的分配方式是绝妙的经营之道，既凝聚了企业员工的人气，又得到社会各界的支持，从而使企业强盛不衰，这就是财散人聚。

管理论语

◎ 经济学的基本内涵是提高资源优化配置效率，根本要求是科学决策、精准决策、高效决策。智能是实现三个决策的核心。传统决策是经验决策，经验由于个人的因素是主观的、局限性的；智能决策是数据决策，数据具有客观性，依照大数据做出的决策远远超越依据经验所做出的。

◎ 问题导向应与战略导向相结合。爱因斯坦认为不能在产生问题的层次去解决问题，而应当在更高的层次上思考解决问题的办法。为此，我们要以问题层面为导向，解决问题应从战略层面来思考，这样才能既从根本上解决问题，又不会产生新的问题，将两者有机结合。

◎ 新科技革命呈现两大特征：第一，新科技加速发展，发展不断加速；第二，新科技集群发展，以数字技术为主导，生物技术、新能源、新材料等多元集群式融合发展。

◎ 企业经营方式是不断变化着的。商品供不应求时期，生产者处于主导地位，生产能力最重要；商品供大于求时期，经销商处于主导地位，经销渠道最重要；商品供给不适应消费时期，消费者处于主导地位，科技创新最重要。当今就是要用新科技来解决消费的升级问题。

第2讲 "优""势"兼备

商道案例

苏北有家企业生产专业机械，拥有多项专利技术，在国内同行业居领先水平。但该企业生产规模不大，市场占有率小，十年间一直徘徊不前，甚至逐步萎缩，这就是有"优"无"势"。苏南有家企业生产家用电器，一开始生产规模就很大，不断低水平扩张，产品品类在同行业名列前茅，但是产品档次低，缺乏技术支撑，不到数年就被淘汰出局，这就是有"势"无"优"。

点评

企业的竞争力是"优"和"势"的结合，有"优"无"势"与有"势"无"优"都无法保持持续竞争力。所谓优势就是"优"与"势"的统一体。

管理论语

◎ 当今要重视两大趋势：第一是客户资产化。客户是新的核心资产，企业培育私域流量不是"烧钱"而是投资，要将客户社群作为长期资产来投资。第二是资产无形化。无形资产主要是技术和数据，在企业价值创造中起到主体作用。固定资产已成为基础性资产，仅是价值创造的载体。

◎ 当今，"数字"两字的魅力可谓深入民心，已嵌入经济与社会的方方面面。数字世界的关键变量是数字世界的发展与创新。在数字世界中，"数字"就是应对变化之策，是贯通数字世界与物理世界的基础战法，也是打造数字经济强大优势的"新引擎"，更是在数字社会中各展所施的"魔法棒"。

◎ 互联网时代，一个人作为个体面向整个世界，个体的潜能可以得到充分发挥；同时互联网的优势在于连接，通过连接发挥合作功能，形成群体协同效应。从这个意义上讲，互联网是在发挥个体作用的基础上更好地发挥群体作用，实现"个体主义+群体主义"的绝佳组合。

◎ 人工智能AI可以处理大量的数据信息，帮助发现规律，理解数据背后复杂的问题，进行深入的学习。通过编程可以培养孩子的计算思维，尝试从不同角度观察世界，拥有更广阔视野以及分析世界的能力。

第3讲　核心资源

商道案例

第二次世界大战结束后，苏联与美国作为战胜国，将德国的资源作为战利品进行了分割。当时的苏联要求得到德国的设备，而美国要求得到德国的人才，由于对资源的选择不同，二者后来的发展也完全不同。苏联得到的设备，由于有形无形的磨损，逐步淘汰出局。美国获得的人才，却不断发挥作用，设计出许多新设备，有的还出口给前者，对经济发展的贡献远远超过苏联的选择。

点评

这是一段十分有趣的历史故事，当时的苏联占有的是基础资源，美国占有的是核心资源，充分说明了核心资源的强大竞争力。

管理论语

- 机器学习与人类学习相比有四大特点：一是研究相关性，机器将相关数据连接起来；二是学习速度快，数据以计算机速度来运算；三是不会忘记，数据一旦被存储绝不会被遗忘；四是可并联学习，众多机器并联学习，对海量、混乱和复杂的数据处理便利，可回归计算。
- 世界上有两大比例十分一致：第一，物质世界中，正物质占5%，反物质占25%，暗能量占75%；第二，知识世界中，明知识即可表达的知识占5%，默知识即只可意会的知识占25%，暗知识即既不可表达又不可意会的知识占75%。这说明人类目前所知道的仅是世界的冰山一角。
- 现在大部分场景都是综合性的，所以企业要建立两种能力，即综合能力和专业能力，实现"作战综合化+能力专业化"。首先是作战综合化，要组织整合能力强的团队，从企业内部组合，又可以到企业外部组合，甚至可以到网络上组合。其次是能力专业化，要围绕主要业务建立专业能力强的团队，全部从企业内部构建。通过两大团队的协同配合来解决综合性业务。
- 美国的制造业回归有其新的内涵，不是简单地发展劳动密集型加工业。新的制造业有两个方向：一是大力发展机器人，由机器人代替简单劳动；二是加快发展增材产业，应用3D打印技术，实现"制造革命"。

第 4 讲　资源整合

商道案例

现在大量低效网站处于休克状态，某企业将低效网站整合一体，产生全新的价值。由于每个低效网站每天仍有数百流量，通过整合 1000 个网站，每天的流量就达到数十万，是较壮大的规模。现将数十万流量打包，与广告公司合作，就将 1000 个网站一体化搞活，而且网站之间产生交互效益，一举多得。

点评

单个效益资源是低效的，将众多低效益资源整合，就会产生可观的新价值，充分体现资源整合的整体效应。

管理沦语

◎ 机器人有两种形态：一种是实体机器人，具有人的模样，大众比较认同；一种是数字机器人，没有人的模样，但有人的"灵魂"。数字机器人越来越不像人，而能力却越来越像人，甚至超过人，其核心是数据流，即"数据+算法"。

◎ 数字革命重新定义行为，改变其方式：改变决策方式为基于数据的智能决策；改变发展方式为共生共荣的数字生态共同体；改变组织方式为平台引领的赋能服务经济；改变营销方式为全链路、全生命周期的数字化营销；改变财富方式为数字资产管理。所有这些方式的改变都是数字基因的改变，是一场数字革命。

◎ 数字化生产的目的不是单纯解决劳动力和生产效率问题，更为重要的是满足两大新的需求：一是定制化生产，根据用户需求的定制订单组织智能柔性化生产；二是分布式生产，适应不同车间不同企业的场景协同化生产。定制化与分布式是数字化生产的本质要求，为企业创造真正的价值。

◎ 在大自然生态系统中有个有趣的现象，处于食物链高端的生物往往体量大且寿命长，但繁殖能力弱；而处于食物链底端的生物，往往体量小且寿命短，但繁殖能力强。这也是大自然的一种自我平衡形式。

第5讲 卖服务送产品

商道案例

某洗衣机公司老总考察大学后发现一个商机，该大学有两万多大学生需要洗衣，于是送1000台洗衣机给大学，要求为大学生洗衣服。洗一次衣服收0.8元，成本为0.5元，洗衣机虽是免费赠送，但洗衣服务的现金流源源不断，效益可想而知，卖服务送产品是商业模式的创新。

点评

洗衣机是产品，洗衣服是服务，洗衣服务产生的价值远远高于销售产品产生的价值，卖服务比卖产品更高明。

管理论语

◎ 数字城市的建设要把握四个要点：第一是整体规划，数字城市是系统工程，必须有整体规划的顶层设计；第二是数字大脑，城市建立"数字大脑"是核心，实现所有数据与系统的互联互通；第三是生态系统，城市要建立开放式生态体系，与周边地区强化交流和合作；第四是商业模式，对数字系统进行市场化运营，实现成本与收益的平衡。

◎ 先进制造业应与现代服务业相融合，特别是制造业中的头部企业应向服务型制造业转型，为行业提供多种专业服务，以提升企业的整体价值。例如，钢铁行业可提供许多生产和技术服务，包括钢铁物流服务、钢铁环保服务、钢铁数字化服务、钢铁金融服务等，行业性专业服务大有可为。

◎ 传统企业一般是贸工技路线：先从市场做起，然后发展工厂，最后开展研发。在市场发展初期和中期，企业走贸工技路线是成功的。新兴企业成长在市场竞争的激烈时期，需要改变传统路线：首先从科技研发入手，技术过关后，寻找代工企业外包，同时匹配市场用户。技术与贸易的结合关键在于创新商业模式。

◎ 对客户要进行分类，一种是交易商，另一种是合作商。对于一般客户以交易为主，保持普通的买卖关系；对于黄金客户要成为合作商，建成利益共同的伙伴关系。通过与客户的交互，尽可能将客户从交易商培育成合作商。

第6讲 软件价值

商道案例

中国某机床公司老总到德国机床公司考察，发现一个奇怪的现象：中国公司生产的磨床为德国公司使用，其价值几何级数倍增。中国公司每年生产4000台普通磨床，德国公司每年定制其中的50台，但实现价值超过中国公司机床创造的价值。究其原因，德国公司在中国公司的磨床中更换了控制器，增值的核心是软件价值的倍增作用。

点评

硬件提供基础价值，生产普通产品；软件提供核心价值，生产定制产品。软件是产品高价值的"大脑"。

管理论语

◎ 创意与生意应密切结合，相得益彰。创意要最大限度地发挥其想象力和创造力，在大量设想中找到优化的项目和方案；生意要脚踏实地，好的创意最后都要转化为生意。生意要一步一个脚印去落实，通过执行力将创意变成生意。

◎ "软件定义汽车"，据分析，汽车领域近90%的创新来自于软件，而不是硬件的机械系统。汽车"新四化"（电动化、网联化、智能化、共享化）的方方面面都与软件紧密相连，特别是智能网联和自动驾驶，都是以人工智能AI为核心的软件技术，通过在线升级（OTA）实现汽车的个性化定制。未来汽车整体价值的60%以上是由软件决定的。

◎ 创新的关键在于制度创新，要建立"创新友善机制"。任何新事物从诞生到成熟都需要经历一个发展过程，要将"鼓励创新、包容审慎"的原则贯彻始终。对于新事物因不确定风险带来的问题，不能一刀切，要在守正安全和质量底线的前提下，允许试错、容错和纠错，为新事物成长留足生存和发展空间。

◎ 互相喂养是事物发展的规律，如此案例不胜枚举：企业与用户是相互喂养的，首先是用户喂养企业，然后是企业喂养用户；平台与成员是相互喂养的，首先是平台喂养成员，然后是成员喂养平台；数据与算法也是相互喂养的，首先是数据喂养算法，然后是算法喂养数据。互相喂养的本质是系统的共生共长。

第 7 讲 现金流为王

商道案例

现金流对企业尤为重要，企业资产规模再大，利润再多，一旦现金流中断，就会引起经营状况恶化，甚至导致破产。1998年亚洲金融危机时，香港著名的百富勤公司是持有上百亿资产的大公司，账面上利润颇丰，但由于一笔4000万美元的贷款到期，想尽办法未能偿还，最后被迫宣布公司清盘，足见现金流的关键。

点评

现金流是企业的生命之流，不要怕企业负债，也不要怕暂时亏损，只要有良好的现金流，企业就能生存发展。企业以现金流为王。

管理论语

◎ 优势与趋势处于两种不同状态，在日常稳定时期，优势是企业发展的基础，强化优势非常重要；在快速变动时期，趋势对企业发展起主导作用，任何优势在趋势面前都是脆弱的，唯有把握趋势，顺势而为方能形成新的优势。

◎ 专家预测：在未来十年，人工智能AI将改变大部分工作岗位。人类要学会与AI共享共长，建立互信向善的人机协作机制，同时要学习新的技能，大力培育机器学习程序员、数据开发分析师和算法工程师等数字型人才。

◎ 传统企业家的出身一般是办实业的企业家，而现在企业家的出身通常是多元的。现在有两种新型企业家：一种是从科学家走向企业家，主要依靠新技术发展企业，创办科创型企业；一种是投资家走向企业家，主要依靠资本运营发展企业。这两种新型企业家都具有时代特征，通过转型将成为富有竞争力的现代企业家。

◎ 新品牌快速崛起，其最大特点是对消费者有精确的洞察，在不同地区有个性化的产品，并具一种高度柔性协同式制造系统。同时新品牌的快速反应，订单快速分析，实时物流、口味反馈都得益于企业高效率的制造执行系统，这就是工业互联网的"快鱼"。Z时代的消费者是新品牌制造者的最佳用户，支撑大量新品牌的不断发展。

第8讲　服务无止境

商道案例

王永庆年轻时经营一家小米店，开始就是靠服务取胜：将米送到客户家门口，然后又送到客户楼上房门口，进而帮客户将米倒入米缸。为更好地服务客户，还将米缸中的存米取出来，先倒入新米，再将存米放在上面，先吃存米。之后还用新米来换存米，由于不断地为客户提供增值服务，客户纷纷买王永庆的米，成为永久的客户。

点评

为客户服务是无止境的，服务贵在细节，以实现客户价值最大化。服务的深度决定客户的忠诚度。

管理沦语

◎ 企业运营的新方向是减少对人的依赖，传统运营主要依赖人。人的可变因素较多，包括技术的局限、情绪的变化等，影响运营的可靠性。现代运营主要依靠系统，系统软件运营具有科学性和稳定性。随着数据的积累，系统将不断优化升级。

◎ 许多企业成败集中在企业家一人，企业创业初期，企业家通过抓住机会勤奋努力，获得企业成功。当环境发生变化时，企业家或者简单复制以往经验，盲目扩张、盲目投资，或者对新的变化无法适应甚至拒绝新事物，导致企业失败。这种成于机会败于变化的事例屡见不鲜。

◎ 数字革命是将老机器变成新机器。在老机器上装几个新零部件是没有用的，因为机器还是老的，根本上没有变。在新机器上可以使用老零部件，而且大部分零部件都可以用，但必须是新的设计。新机器的设计是数字思维，这是新机器与老机器的根本区别，设计一定要变，零部件仍然可用。

◎ 生活数字化倒逼生产数字化，现在人们用手机实现生活的数字化，在手机上可以实现购物、交友、娱乐和学习等活动。生产的数字化则相对滞后，服务业数字化在前，农业数字化在后，最后是工业数字化，因为工业比较复杂。现在要通过消费互联网来推动产业互联网的加快发展。

第9讲 客户大管家

商道案例

某家汽车4S店生意特别好,主要秘诀不是卖车,而是经营客户,成为客户的"汽车大管家"。从客户学汽车开始,帮助客户从试用车、选择车、购买车、使用车、维修车、保险车、贷款车、更换车、求助车到为客户提供在线服务等,其全方位的汽车服务深受广大客户的欢迎,这样的4S店生意兴隆是必然的结果。

点评

从经营产品到经营客户是一大突破,从产品的全生命周期为客户服务,成为客户的大管家是新经营之道。

管理论语

- 60~70后为婴儿潮X世代,80~95后为千禧代Y世代,95~00后为新生Z世代。Z世代为互联网原住民,其消费有三大特点:一是需求个性化和小众化;二是从拥有更多到拥有更好,从功能满足到情感满足;三是个性真我,更注重体验,应重视对Z世代消费观的研究。
- 鹰通过"重生"实现长寿,寿命可达70岁。鹰在40岁的时候必须经过痛苦的"重生",需痛苦地脱去旧的喙和爪以生出新的喙和爪,然后再把老羽毛拔掉产生新的羽毛。企业的发展也是如此,企业三十年左右也多要经历重生,需过此关打造百年老店。
- 物质是信息的载体,物质是基础,信息才是根本。例如,老子的《道德经》载体多种多样,可以是竹简,可以是丝帛,可以是纸张,可以是光盘等。因此,物质载体并不重要,重要的是载体上的信息。信息以数字的形式表达更为重要,起到加速传播和应用的作用。
- "价值定价原则"是全新的定价方法。传统定价都是一个价格,新的定价原则是按不同的价值决定不同的价格。例如5G应用的定价,不是根据简单的连接定价,而是按照服务保障水平定价,包括根据时延特性、功能特性的价值进行定价。更精准的定位和更低的时延就可以有更高的定价,即由价值来确定价格。

第10讲　成功概率

商道案例

韩国三星集团在员工培训时要求提高成功的概率。按照常理统计，50%意味着未知事物一般成功的概率，5%为未知事件绝对失败的概率，剩下的45%是不确定的，然而可以经过努力实现的。这样，50%加上45%就有95%可能成功的概率。三星要求所有员工都要尽全力达到95%的成功概率。

点评

从50%的一般成功概率到95%的可能成功概率是认知的重大突破，关键是事在人为。

管理论语

◎ 对于数字产业比较重视的是数字硬件产业和数字软件产业，最具发展前景的是数字服务业，产业规模大、就业人数多。例如数据清洗业、刷脸标记业、云计算运营业、内容审理业等大量涌现的新业态都是新兴数字服务业，将成为数字产业的主导力量。

◎ 在实施智能制造过程中要遵循先软后硬原则，前期尽量减少硬投资，如购置硬设备，改建生产线等，多增加软投资：一是用软件来优化硬件，硬件是标准化的，通过软件系统来实现个性化；二是用数据来赋能生产线，通过移动数据来适应生产线，这样可大大节约投资，便于员工操作取得好效果。

◎ 知识有两大类，一类是明知识，大约占5%左右；一类是暗知识，大约占95%左右。人类主要学明知识，依靠逻辑思维来学习；机器主要学暗知识，依靠数据试错来学习，由于计算机速度快，不断试错，不断优化，学习速度就很快。大数据关注相关性，重视提高概率优势，从而实现确定性，将暗知识转化为明知识。

◎ 人类与自然资源的关系呈现重大变化，人类需求与自然资源再生产，在1975年形成平衡拐点，即1975年以后就产生自然资源的赤字。到21世纪初，全世界每年八月份当年自然资源再生产的容量已经用完，产生三分之一的赤字，长此以往地球生态系统将无法持续。

第11讲 客户互动管理

商道案例

客户为中心的关键是企业和客户实现互动管理。苏州某装潢公司开发了一套三维动态数字化装潢软件设计，设计师根据顾客需求，在电脑上设计出直观的三维效果图，在整个过程中，不断与客户互动修改，不仅在装潢的色彩、结构、布局等方面令客户满意，而且支持客户选择不同价格的材料，实现最优化的性价比，深受客户的欢迎和赞赏。

点评

客户关系管理的核心是企业与客户互动管理，客户参与产品的设计和经营，企业与客户共同创造价值。

管理论语

◎ 《道德经》将成功之道归纳为"取势、明道、优术"。"取势"为根本，"势"即发展方向，必须看清潮流顺势而为。"明道"是核心，"道"即事物本质，必须把握规律做正确之事。"优术"是关键，"术"即工作方法，必须优化技术将事做正确。

◎ 不同时代创造价值的重心不同，农业时代，以个体为主创造价值，所有劳作由个体即可完成，创造自产自足；工业时代以分工为主创造价值，专业分工效率高成本低；数字时代以合作为主创造价值，网络产生协同效应，数据连接产生智能。

◎ 当今"内卷"现象越来越多，不但大量消耗资源，更造成无序竞争。所谓"内卷"就是一个专业的范围内，越来越精细化，在有限的价值里相互竞争，进入"高水平陷阱"。例如少儿学习，为了不使孩子"输在起跑线上"，众多家长要求孩子到各种培训班学习，使小孩负担过重，苦不堪言，这种"内卷"现象对少儿成长没有任何意义。

◎ 当前，企业视经营客户社群为首要任务。企业对于客户社群应集中在三个方面进行经营：一是产品体验，体验是客户需求的首要环节，要提供更好的产品体验；二是使用知识，客户对产品使用有个学习的过程，要提供更好的使用知识。三是增值服务，客户的潜在需求是增值服务的空间，要提供更好的增值服务。

第12讲 特色经营

商道案例

产品同质化造成竞相降价，企业无利可图甚至亏损。紫砂产品同质竞争十分普遍，某紫砂企业坚持特色经营，走出了新路子。这家企业生产的紫砂壶，将国学文化嵌入产品，如刻上《道德经》《孙子兵法》等。这样不仅打开销路，而且价值倍增，进而生产"将军壶"，即将100位将军的签名刻在紫砂壶上，产品十分畅销，每把茶壶售价上万余元仍供不应求。

点评

特色经营就是差别化竞争，使企业具有强大生命力。与其在规模上数一数二，不如在特色上独一无二。

管理论语

◎ 过去常说"失败是成功之母"，这是对人们的一种鼓励，是从失败中学习经验，进而转化为成功。但现代要注意"成功是失败之母"，许多成功者固守成功的经验，不愿改变，不思创新，随着环境的变化，终究成为时代的落伍者。

◎ 事物本身都有两个基本面：积极面和消极面。人对事物的认识取决于人的心态，主要关注消极面的人对事物本身不产生任何影响，但影响了自己的情绪，吸收的是负能量；主要关注积极面的人吸收的是正能量，能克服消极面带来的负面影响。

◎ 企业经营管理经历了三次大的变革：第一次是生产变革，由福特公司创立的流水线生产方式，使生产效率大幅度提高；第二次是消费变革，由丰田公司创立的精益经营方式，客户拉动生产经营；第三次是协同变革，这是数字化的产物，数字化将消费与生产进行动态匹配，产生生态协同经营，构建全新的企业经营管理方式。

◎ 企业中的数据源主要组成有三大方面：一是基础数据；二是业务数据；三是经验数据。这三方面数据大部分都与人有关系，第一是客户数据，这是极重要的数据，可以精准满足客户现实需求，挖掘客户潜在需求；第二是员工数据，这是极宝贵的数据，特别是员工的经验知识，已成为企业重要的数据财富。客户和员工的数据为总数据的80%，是企业信息最大的数据库数据。

第13讲　刚柔宏微

商道案例

曾有位国外知名管理学专家被邀请到中国授课，在开课之前到北京附近的"避暑山庄"考察，在工作人员陪同下，他发现了乾隆皇帝亲笔题字的一块匾，上面写了"刚柔宏微"四个大字。工作人员向他详细解释其中的含义，这位专家连声称赞："我没有必要上课了，管理学的真谛，你们古代的皇帝早就精通了。""刚柔宏微"诠释了管理的本质。

点评

"刚柔"是管理人的法则，"宏微"是管理事的法则，两者的关系都是把握"度"，实现了恰到好处。

管理论语

◎ 世界是多样性和统一性的组合，世界的多样性主要体现在物理世界，每个单体都是不同样的、碎片化的、多变不确定的，呈现无序状态。世界的统一性主要体现在数字世界，每个单体的本源都可以转化为数字。在数字世界，所有数字统一为一体，这个整体是集中的、可整合的、相对稳定的，呈现有序状态。

◎ 家庭是自然演化的，具有生活功能、生产功能和传承功能，现在三大功能都在发生变化。由于新科技的发展，生活功能从家庭走向社群，社群的作用已经超越家庭；生产功能从家庭走向企业，企业成为强大的生产机构；传承功能也在起变化，新生代群体既不想结婚，又不想生孩子，未来家庭的演化难以预测。

◎ 企业进入成长期最常见的发展问题，往往不是被饿死而是被撑死。这里有两种可能：一是过度扩张、盲目扩大生产能力，造成资金链断裂；二是恶性多元化，盲目进入不熟悉行业，造成资源配置分散，这两种情况都可能导致被撑死。

◎ 对于企业经营者来说，重要的是选择做正确的事，但比正确的事更重要的是选择正确的人，由正确的人来做正确的事，然后把事做正确。三个正确中选准人是第一位的，经营者最需花时间、最需花精力做的就是选好人。

第14讲 理发平台

商道案例

某理发公司有五层大楼,共计100多间房间,理发公司在全市招聘美发师100位,每位提供一间房理发。公司搭建理发云平台:一方面为美发师提供理发工具和洗发液;一方面在网络上宣传每位美发师,介绍每位美发师的特色,可以指定也可以随机挑选美发师,生意十分红火。理发云平台主要做理发服务,美发师做理发业务,将业务与服务分开,这是理发行业新的创举。

点评

"平台+个体"是全新的企业组织,平台做服务,个体做业务,分别发挥各自的优势,这是全新业态。

管理论语

◎ 传统经济与新经济对价值的评价采用不同的标准,传统经济以有形资产为主体,所以银行要求实体资产,主要是土地与房产为信用。新经济以无形资产为主体,一般无形资产要占80%左右,主要包括核心技术、专利、软件、数据、客户社群等,这些无形资产的价值将与日俱增,代表未来的价值创造。

◎ 概率论中的大数定律表明,随机抽样数量越大,样本的分布图形越类似对称的钟形曲线,用样本计算的平均值越接近总体均值。一般来说,抽样数量应超过30个,如果想知道一大堆物品的某个指标的平均值,只需要随机从中抽取30个样品进行测量,画出分布曲线,算出平均值,基本就可以掌握这个指标的平均值。

◎ 好的员工是鼓励出来的,为此对员工要多赞美少批评,即使是很小的一点成绩也要加以赞美。赞美是良性循环的,很小的赞美就可以使员工更努力工作,完成更多的业绩,所以领导要学会赞美。

◎ IBM建立云计算的第四方平台,也就是混合云,将诸多云平台链接在一起,以适应多种需求和快速反应。一是混合云解决综合性需求。专业云适应单一需求。对于复杂性需求,就需要混合云综合协同解决。二是混合云解决快变化需求。对于突发变化的需求,就需要混合云从一个云转到另一个云去解决。

第15讲 速度取胜

商道案例

富士康公司是全球著名的制造企业，为全世界品牌产品做OEM（俗称代工）生产，由于大规模生产有效地降低了成本。低成本是富士康的基本优势，但不是核心优势。富士康的核心优势在于速度，用最快的速度交货。以设计新品为例，富士康设计新品的模具图纸，在全世界建立设计中心流转，做到两千小时连续设计，生产更是快速发展，使富士康得以能依据速度取胜。

点评

速度取胜就是获取时间价值。制造业的竞争从质量竞争到成本竞争，现在是交货期竞争，速度成为新的竞争优势。

管理论语

◎ 美国麻省理工学院对企业战略，要求从空间、时间和主体三个方面来把握：对空间来说，"你改变不了环境，但你能适应环境"；对时间来说，"你把握不了过去，但你能把握未来"；对主体来说，"你调整不了别人，但能调整自己"。这三句话的本质就是主动改变自己。

◎ 投资企业的实质是投资人，特别是企业的经营团队。主要把握好三条：一是诚信，这是商业社会的基石，掌门人的诚信至关重要；二是敬业，这是优秀经营团队的基因，敬业是成事之根；三是能力，经营团队的经营能力起到关键的作用。

◎ "共享制造"是全新模式，核心是"让用户定义生产"。首先用户提出定制化需求，由共享平台根据需求匹配制造商、供应商和合作商，平台就是用户的企业，其特点是"三化"，即从大规模生产到个性化生产，从渠道为王到用户定义，从自有工厂到共享协同。

◎ 朋友圈对现代人越来越重要，特别是80、90和00后的新生代群体都是生活在"圈子中"。朋友圈要有一定的规模，朋友链接得越多，机会越多，资源也越多。但更为重要的是朋友圈的质量，根据大量数据分析，朋友圈中最要紧的是前20位最好的朋友，这20位朋友的水平决定一个人的总体水平。平均水平越高其总体水平也越高。

第16讲 清仓查库

商道案例

某大型电机公司为迎接上级清仓查库，制定了许多规章制度。当领导到公司检查时，总经理说："我们的制度规定采购物品不超过三个月，执行得很好"，但陪同领导进入仓库时发现一种备品备件数量很大，经计算后可用80年，总经理感到为难，请示如何解决。该领导建议使用软件，软件设计采购周期为三个月，如超过三个月信息到不了财务部门无法付款，管理问题从而得以解决。

点评

制度是重要的，但制度无法保证执行力，可以考虑的办法是通过数字化保障制度的执行。

管理论语

◎ 在信息海量时代，一个人能不能记住许多知识已经不再重要，重要的是能不能将现成的知识整合起来，把握其中的逻辑或组建新的系统。这里有两大关键能力：一是从大量信息中抓取趋势的洞察能力；二是发现趋势后快速跟进的借势能力。

◎ 学科交叉发展越来越明显，特别是人工智能对各学科专业的渗透力越来越强。例如，生物医疗学科正在经历人工智能时刻即"AI时刻"，仅2020年就有超过21000篇相关论文发表。自2017年以来，涉及AI方法的同类出版物同比增长超过50%。数字技术正在主导新技术的发展，已成为基础性技术。

◎ 未来的机器人是"协作机器人"，人与机器的关系不是互相取代，而是互相补充，提高效率，让机器人融入生产和生活，变成生产和生活的有机组成部分。不久的将来，人与机器人成为"亲密无间"的伙伴，合作生产，形成和谐的共同体。

◎ 创业与众筹的关系越来越密切，众筹已经成为创业的全新路径，这是创业社会化的必由之路。众筹的本质是筹资源和筹能力，这正是创业所必需的两大要素。在众创时代，众筹实现人人参与，人人贡献，人人共享，通过众筹实现创业的共创共赢。

第17讲 婴儿哭声

商道案例

新生代人群没有育儿经验，特别是婴儿爱哭，不知道如何为好。某市妇幼保健医院对婴儿的哭声进行研究发现，表示要吃奶、大小便、不舒服、要起身等的哭声各不相同，于是将大量婴儿的哭声进行录音并制作成软件。如此，年轻人在带孩子时，只要将自己婴儿的哭声与软件相对照，就能知道婴儿的需求，从而解决了这个难题。

点评

把婴儿哭声制作成软件，实际上是对大数据的运用，只要数据量足够大，其价值也足够大，应推而广之。

管理论语

◎ 大公司要提高战略意识：第一，战略层面高于业务层面。决策首先要从战略层面来思考，然后在研究业务层面，业务服从战略。第二，战略利益大于商业利益。决策首先考虑战略利益，然后结合商业利益，商业利益服从战略利益。

◎ 企业生态系统是逐步演化的，生态系统1.0为链主生态，主要由主体企业组织供应链的资源，构建从用户到供应商的生态系统；生态系统2.0为产业生态，在链主生态基础上，组织整个行业的资源，构建产业平台的生态系统；生态系统3.0为社会生态，在产业生态基础上，组织跨行业的资源，构建产业社区的生态系统。

◎ 500年来大国崛起有共同的规律：第一是制度，好的制度是造就大国的基础；第二是科技，科技创新是成就大国的关键；第三是文化，文化教育是打造大国的根本；第四是综合，塑造大国靠综合实力，特别是软实力。

◎ 新经济是以数据为基础的经济，互联网企业与传统企业最大的区别在于一切业务数据化。数据是企业最重要的资源，现在正在实现资产化。大数据的显著特征是外部性，企业数据仅有20%在内部，外部数据达80%，管理好企业的数据资产任重而道远。

第18讲　电影分析

商道案例

大量老旧电影胶片存放在仓库中无人问津。某公司发现其中的价值，用十分低廉的成本购买老旧电影的胶片，然后回来进行拆分。老旧电影中有许多珍贵的片段，如战争场面、洪水场面、大火场面、民俗风情场面等，将其剪切后分类建立数据库。现在许多新电影仿景要用到特殊的场景，就需要这类老旧电影的数据，既解决拍摄的困难，又大幅节约了成本，实现了双赢。

点评

数据是无处不在、无时不有的，慧眼识数据，将貌似无用的数据进行整理，转变成极其宝贵的资源。

管理论语

◎　现在需要的人才是"T型"人才，既要纵向成为一个领域的专家，又要横向扩展相关知识。未来需要的人才是"板凳"人才，一方面在几个专业中具有专长，一方面有宽广的知识网络，其知识结构是深度与跨度的有机结合，以适应综合性的工作组合。未来需要创造性人才，"板凳"人才是更适合的。

◎　数字文化已成为新的潮流，数字化催生文化创作向非专业人群转移。文化资源的数字化使创意者可便捷地利用海量数字化文化资源进行创作；同时文化能力的数字化使创意者可以应用数字化智能助手进行创作。基于数字技术的文化创作是大势所趋。

◎　从牛顿机械论到达尔文进化论，是全新的世界观革命。进化论为知识层面的宇宙算法，实际上是数字化在生物系统的应用。进化是"没有设计师的设计"，世界上最美好的设计是大自然的杰作。机器学习特别是深度学习都是自我进化的结果。

◎　情绪是一种不可多得的大数据，真实表达了人们的各种需求和申诉。现在人们的情绪大多通过互联网来反映，大量采集人们的情绪数据，通过模型分析，为政府和企业应用，将对经济和社会发展起到促进作用。

第19讲　数据高维

商道案例

数字世界是高维世界，对现实世界起到指导赋能作用。门捷列夫发现元素周期表，就是对元素的原子量进行排序，同时研究元素之间的周期性质得到数学模型。许多新元素先是周期表上的空缺元素，事后再发现新的元素填充进去，甚至周期表纠正了某元素的原子量，对其性质进行描述，与实际完全吻合，震惊了当时整个科学界。

点评

事物的本质所反映的信息可用数字来表示，数字规律反映其物理规律，数字模型对事物发展起到预测和引领的作用。

管理论语

◎ 在五大生产要素中，劳动力、土地、资本三个要素是有限供给，技术和数据是无限供给。有限供给将不断损耗和折旧，无限供给永远存在重复使用。有限供给主要在供给端，靠产能扩张；无限供给主要在需求端，靠客户增长。技术与数据都是无形资产，具有无限的拓展性，已成为无限供给。

◎ 新时代经济以轻资产为特征，轻资产企业创造的价值通常远大于重资产企业。为此金融估值模式和贷款方式要发生大的转变，不能以有形资产为基础，而应以无形资产为主导。新资产主要是客户、技术和数据，这是轻资产企业的核心资产，要建立与此相适应的资产评估模式和投融资方式，进行制度创新。

◎ 世界上没有完美的人，每个人都要接受自己的缺点，也要接受别人的缺点。做一个完美的人，不如做一个有特长的人，每个人都有自己的特长，要将有限的精力更好地发挥自身的特长，使特长的优势不断放大，才能实现人生价值的最大化。

◎ 企业要从利润管理走向价值管理，两者的关系应是：价值是目标，利润是结果。企业必须以追求价值为目标，最大限度地为用户创造价值。价值是利润的真正来源，为用户创造的价值越多，企业的利润也越多。

第 20 讲 绿皮车与动车

商道案例

传统火车是绿皮车，新型火车是动车，两者的结构不同，效果也完全不同。绿皮车是"火车跑得快，全靠车头带"，动力全在车头，车头带动数十节车厢。这正如传统企业，由领导拉动员工前进。动车的车头没有动力，主要是把握方向，协同向前；各车厢都有发电机和电动机，自主动力驱动。这正如新型企业，领导带领由员工自主驱动前进。绿皮火车时速 70 千米，动车时速 300 千米，速度快数倍。

点评

绿皮车与动车，由于动力机制不同，速度大不相同。所以，传统企业要从绿皮车转换成动车，从慢车道转向快车道。

管理论语

◎ 根据统计规律，企业在创办成长的第三十年左右是危机段，是因为这时企业开始老化：人员老化、技术老化、设备老化等，此时必须进行全面更新。企业如果勇于自觉变革，就也许能够跨上新的发展台阶。这个选择是十分痛苦的，关键在于企业家的认知和决心。

◎ 企业与用户的关系要深度开发。企业要成为用户某种需求的"管家"，如汽车企业就是"车管家"，服装企业就是"衣管家"，体检单位就是"健康管家"。企业要比用户自身更了解用户的情况和需求，提供针对性的解决方案，与之成为命运共同体。

◎ 企业建立用户群体必须加强互动。一是组织用户活动，在线上或线下开展各种活动，增强用户体验；二是组织用户交往，开展多种形式的相互交流，增强归属感；三是组织用户创新，鼓励用户参与企业价值创造的全过程，这是经营用户的必然要求。

◎ 数字化创新不仅是在技术层面创新，更要在制度层面创新。当今主要从三个方面进行制度创新：一是数据共享，数据割据局面必须打破，不能以数据安全为由拒绝数据共享；二是技能转型，由于数字化需要新的技能，员工必须学习新技能；三是组织机制，数字化改变生产经营方式，组织体系和考核机制需要相应变革。

第21讲 一钱数用

商道案例

某铝制品公司生产新产品，投资1500万元从德国引进先进生产线，却由于缺少流动资金购买原料，一度未能投产。一位领导到公司考察得知此事，公司老总说缺1000万资金才能投产。领导说资金就在身边，只要将引进的自动生产线转让给租赁公司，再反租回来就可以解决。通过租赁公司运作，1000万元原料费用得以解决，生产线投产后按月返还所借资金。

点评

一钱数用就是资本运作，企业家要学习资本运作，善于将死资产变成活资金，盘活运用。

管理论语

◎ 传统金融与新金融有不同的特点：传统金融的资源是资金，新金融的资源是数据；传统金融的技术架构是中心化技术，新金融的技术架构是分布式技术；传统金融的风险机制是防范人，新金融的风险机制是相信人；传统金融业务处理的是"钱"，新金融业务处理的是数字资产。

◎ 新的生产力是"科技+数字"。科技是第一生产力，现在已经从经济主导科技转变为科技主导经济，科技成为经济发展的源头；数字是第一要素，现在数字在所有生产要素中起决定性作用，数字赋能劳动力、土地、技术和资本，成为经济发展的基础。科技引领经济，数字主导发展。

◎ 对于新变革的最大阻力来自既得利益者，每次行业变革，既得利益者最为经典的反应是：一为防守，试图与新变革抗衡；二为变形，在现有轨道上与新变革混同。新变革是战略转型，首先切换跑道，然后实现新的融合。

◎ 数字化的灵魂在于思维的数字化，数字思维集中体现在"十化"：客户社群化、资产数字化、数据算法化、链接互动化、价值生态化、组织平台化、资源共享化、业务在线化、场景智能化、服务全程化，这"十化"是相互融合的，形成一个体系。数字思维是"数商"的集中内涵。

第22讲　经营微商

商道案例

美的集团是著名家电产品制造企业。近几年美的创新产品营销方式改革原来的批发零售渠道，试行微商营销，形成公司自行组织的营销渠道，先后发展数十万微商在全国各地营销。集团从经营商品到经营微商的重大变革，首先是对微商进行全面培训，同时加强对微商的管理，取得了显著的成效，既加快了商品的销售，又直接面向客户，获得销售数据，从根本上搞活了营销。

点评

微商是全新的营销模式，已成为社会营销的重要力量，企业要从经营商品转向经营微商，从而开拓新的营销渠道。

管理论语

◎　好的预测来自两种方式：一种是"群体智慧"，由一大群普通人创造集体信息池，通过数据筛选，其预测准确程度远远大于专家团队；一种是"复眼视角"，从多角度思考问题，就能更加清晰地预测，足见信息的全面性决定预测成功。

◎　以色列是全球的著名"创业国度"，主要得益于三大优势：一是开拓基因，犹太人善于辩论永不满足，具有敢于冒险的企业家基因；二是移民文化，犹太人遍布全球，多元文化形成综合优势；三是兵役制度，犹太年轻人要全民义务服兵役，培育强烈的自信心和团队精神。

◎　确立新的财富观十分必要，新的财富观重使用资源而非占有资源。共享经济资源的目的在于使用，使用越多价值越大。每人都将剩余的资源供社会使用，社会又将富裕的资源为每人使用，真正实现"我为人人，人人为我"。

◎　失败大于成功是常态，往往是数十次数百次失败才能赢得一次成功。从不断试错增加了成功的机会。有两种试错的路径：一种是实际试错；另一种是数据试错。重要的是数据试错，运用数据模型试错迭代，大大降低成本，缩短周期，取得事半功倍之效果。

第23讲 小厂大平台

商道案例

阳光印网原是一家小型印刷厂，由于经营有方，深受赞赏。后为众多小印刷厂搭建了一个印刷行业的网络平台，拥有小型印刷厂上万家，印刷客户数千家，为供需双方提供业务对接服务。现在平台已成为印刷行业的全能服务中心，重点组织印刷全链条供应，包括印刷机器、零配件、纸张、油墨、物流等，并与银行合作供应链金融，进行全方位赋能服务，受到行业一致好评，自身也价值倍增。

点评

垂直行业的互联网平台大有可为，这就是产业互联网。每个专业都需要建立产业互联网平台，为广大中小企业数字化转型提供服务，这不仅造福于人，自身更是前途无量。

管理论语

◎ 企业投资结构必须优化，投资的重点要从硬实力转向软实力。以往投资的重心是土地、厂房、设备等基础能力，现在投资的重心是科技、人才、服务等核心实力，软实力高于硬实力，企业发展要从以量逐利转向以智取胜。

◎ 新的经济动能主要体现在三大经济：一是数字经济，数字经济在GDP增量中的占比已经超过67%；二是创业经济，创客创业的主体是新产业、新业态、新模式，已呈现倍增效应；三是平台经济，平台企业已成为高市值的企业群体。

◎ 想象是构建人类社会的基石，人们生活在双重现实中：一种是客观的现实，人们生活在客观存在的物理世界；一种是虚拟现实，人们通过主观创造的虚拟世界。虚拟现实产生的关键在于想象，随着人类想象力的加强，虚拟现实将变得越来越强大。

◎ "道学"与"儒学"的关系是："道"为"儒"之基，"儒"为"道"之末。"道学"是自然之学，自然已有140亿年，已成为宇宙之学；"儒学"是人文之学，人类仅数万年，人文之学要服从于宇宙之学。"道学"与"儒学"相辅相成，两者结合能产生强大的威力。在实际过程中，"道"为本"儒"为用，始于"儒"而终于"道"。

第24讲 培训刚需

商道案例

瑞士有家农药公司，年销售额在10亿美元以上。公司对员工培训学习高度重视，每年的培训费超过1000万美元。该公司由于员工素质高，经营业绩在同行业中始终名列前茅，对人的投资投入产出率较高。当地政府也要求企业的人力资本增资速度大于企业的财富增长速度，规定企业培训费用应超过年销售收入的1%。如培训费用达不到此标准，那余下部分全部纳税，培训成为刚需。

点评

企业以人为本，重要的是加强员工培训，为员工赋能，提升员工素质。对企业来说，是增长人力资本，对员工来说是福利。

管理论语

◎ 企业发展有三大驱动：一是生存驱动，主要没有生存压力；二是恐惧驱动，主要是爱面子，不要与别人攀比；三是热爱驱动，热爱是天命，动力来自内心，成为价值观驱动的最大动力。企业发展动力与马斯洛的需求层次理论是一致的，第一层次需求是生理需求，第二层次需求是安全需求，第三层次以上需求都是人的内在需求。

◎ 植物互作是生物界的普遍现象，不同植物生长在一起，能够促进相互影响，既有有利的互作，又有有害的互作。例如，把牡丹和芍药，或百合与玫瑰种植在一起，二者可以互相促进生长，花期更长，长得更好。在数亿年进化中，植物之间有很多隐秘的"沟通"方式，制造出强大的"朋友圈"，起到相互赋能的作用。

◎ "全球脑"是宏大的全球智能工程。这项工程旨在将世界上所有的电脑、服务器以及人都联系起来，成为全人类的智慧大脑。在"全球脑"面前，每个人既拥有一切，又微不足道，所有独立的个体都变得毫无意义。

◎ 宇宙具有两大特征：第一宇宙是最大的动态网络，整个宇宙系统普遍连接，相互依存；第二宇宙是最大的生态系统，整个宇宙系统具有自组织功能。网络与生态一旦相互融合，都是强大的自组织系统，实现自我不断进化。

第25讲 诚信为本

商道案例

20世纪40年代,有一位年轻商人事业兴旺。有一天,他与同行一起喝茶,有人介绍一位素不相识的商人要求为其担保100万元银行贷款,年轻商人口头同意。不料三天后,这位素不相识的商人突然破产,银行则要求口头担保人进行相应赔偿。这位年轻商人即开出100万元支票赔偿银行,同行对此十分钦佩。这位年轻商人后来当选全国工商联主席。

点评

经商以守信为本,一语千金传为佳话。当今社会,诚信是最大的资本,被列为商道之首。

管理论语

◎ 绿色制造是制造业的重大变革,旨在提高资源配置效率及使用效率。绿色制造要求产品全生命周期的绿色化,从产品研发、设计、工艺、采购、加工、物流、营销到回收利用全过程,节约资源和减少排放,实施制造方式的整体变革,这是一场制造革命。

◎ 企业对客户有三度:忠诚度、美誉度和知名度,三者关系要处理好。企业品牌首先是忠诚度,要从核心客户开始,真心实意为核心客户提高优质产品和服务。核心客户是意见领袖,为企业宣传推广品牌,在市场上形成美誉度。品牌的美誉度逐渐扩张,自然而然建立了知名度,三者的程序不能混搭。

◎ 新一代机器人是智联机器人。其新的特点:一是机器人可以分离,执行终端在工作场景,其他部分则可以在任何适合的地方;二是机器人的硬件与软件进行分布式布局;三是传统机器人通过网络协同和云端大脑连成统一的个体机器人或群体机器人。智联机器人的核心是将数据流变为智能流。

◎ 企业主与职业经理人的关系。根据专家调查统计,企业主对职业经理人基本满意的约为50%,完全满意的约为10%;职业经理人对企业主基本满意的约为30%,完全满意的约为10%。两个10%完全满意的共同之处有两点:一是相同价值观,有共同的愿景;二是互相信任,信任是合作的基础。

第 26 讲　巧助贫困生

商道案例

江苏有位干部到新疆挂职扶贫。他发现贫困生辍学，由于人数较多，自己资助只是杯水车薪。当地有座庙宇年久失修，他回到江苏请几位企业家出资修建，不久庙宇修缮一新，香火兴旺。届时他与庙宇住持提出要求，把香火收入一半用于资助贫困学生，解决了当地贫困学生上学的困难。

点评

许多难事通过就事论事是无法解决的，关键在擅于整合资源、巧用资源，通过好的商业模式来化解难题。

管理论语

◎ 消费金融是新兴的金融产品，是促进社会消费的有效方式。对于有消费能力的人群，应用消费金融的方式，将未来的消费提前，既满足了消费者的现实需求，又能激励人们努力工作。

◎ 创业孵化向三大方向发展：一是社会化，创业者相互合作组织联盟，走向社会化协作；二是专业化，孵化器培育发展特色，走向专业孵化；三是国际化，聚焦主题组织国际资源融入本土，走向全球合作。

◎ 大道理和小道理的关系是小道理必须服从大道理。许多小道理是非常有力的，但在大道理面前就要放弃，否则要因小失大。对于企业来说，许多商业利益要服从战略利益，这样才能走得更快、走得更远。

◎ 苹果公司认为："用户应该完全控制自己的数据"。未来数据所有权最终会回归个人，数据是人们在虚拟世界的"劳动"产物，就如人们在现实世界的劳动产物一样。个人数据的回归和变现，要依靠区块链技术。区块链将数据确权，赋予数据价值，进而实现数据价值的流通、交换和增值。

第27讲 科技源头

商道案例

20世纪90年代,韩国组织十大产业基地,涵盖汽车、家电、纺织、机械、石化、钢铁、医药、电子、造船和建材等主要产业,产业集中度高,迅速形成品牌效应。2000年前后,十大产业基地呈现逐步萎缩趋势。为此韩国经济部组织专家组进行考察研究,经分析,认为其原因主要是缺乏科技源头。韩国政府采取措施,将重点大学相应专业迁移到十大产业基地。经过三年努力,终于恢复生机,取得显著成效。

点评

任何产业的发展源头都在于科技,一旦科技能力不足,产业就成为无源之水,无根之木。科技是第一生产力。

管理论语

◎ 从机械性组织到生物性组织是重大变革,机械性组织的主要特征是封闭、机械、有边界,组织不断熵增,逐步走向无度;生物性组织的主要特征是开放、无边界,组织产生负熵,不断走向有度。生物性组织为具有活力的生命体,在创新中实现自我进化。

◎ 企业要激发员工的热情和能力,应从两个方面来努力:第一是价值观的教育,通过形成共有并一体化的价值观,持久地激发员工的工作热情;第二是个性能力的开发,通过多样化的培训和转换岗位,积极开发员工的个性化能力,从根本上提升员工的凝聚力和创造力。

◎ 数字世界是十分神奇的世界,主要是应用三维叠境数字技术,实现三个结合:一是虚实结合,将虚拟的人与物迭加入实体场景中;二是时空结合,时间与空间已经消除,不同时空的人与物将融为一体;三是动静结合,静态转化为动态,人与物都可以互动。所有这一切,其核心都是数据流动和组合的力量。

◎ 数据中心的发展趋势走向两大方面:一是更大规模,数据中心发挥规模效应,从而有效降低成本;二是更小规模,数据中心在边缘和终端发展,提供实时快速服务。不管数据中心是大是小,都要向数据产业链方向延伸,发挥数据对要素效率的赋能作用。

第28讲 传承创新

商道案例

百年老店稻香村是驰名中外的老品牌，始建于清朝光绪二十一年（公元1895年），已有126年历史。老品牌要传承创新，既要坚守"诚信为本，精益求精"的老传统，更要与时俱进，不断创新。稻香村的创新主要体现在两大方面：一是产品创新，产品老的标准是重糖重油，现在的标准是要清淡可口，适合新生代的需求；二是渠道创新，从2009年开始进入电子商务，进行线上与线下一体化经营。创新使百年老店永葆青春。

点评

在时代面前，没有永远成功的企业，唯有适应潮流的企业。百年老店不变的是精神，变化的是经营创新。

管理沦语

◎ 激励是人力资源管理的关键，外在激励是基础，如利益、升迁等都是从外部给予人的工作动力。内在激励是根本，其本质是自我驱动，从内部给予人的发展动力。通过自己设定目标，自觉达成目标，在自我实现中提升能力并实现价值。

◎ 领导力的内涵应包括五个"力"：一是理念力，创新价值观是领导力的核心；二是决策力，正确决策是领导力的主题；三是用人力，善于用人是领导力的主线；四是整合力，资源整合是领导力的关键；五是学习力，提升学习是领导力的根本。

◎ 美国专家对1000家倒闭企业的调研结果得出四点结论：一是企业倒闭原因中决策不慎占80%；二是决策失误原因中没有发现本质问题占80%；三是问题无法解决原因中无法发现问题占80%；四是用提问解决企业管理中80%的问题。四条意见值得决策者借鉴。

◎ 新冠肺炎疫情倒逼科技创新，2020年加强了十大关键科技趋势，分别是：5G信息通信、在线购物、无接触支付、在线娱乐、远程教育、远程医疗、远程办公、无人机、3D打印、数字供应链。这十大科技有两大特点：一是应用数字新技术，数字化进程大大加速；二是以人为本，科技为人类服务更进一步。

第29讲 富裕之心

商道案例

比尔·盖茨年轻时尚未成名，有一次在机场的售报亭买报，由于没有零钱，于是不准备买了，报亭售货员送给了比尔·盖茨一份。三年后他又一次到这个机场，找报亭买报，正巧又没有零钱，报亭售货员又送给了他一份。19年后，比尔·盖茨成为世界首富，再到此报亭，要求答谢售货员，但售货员坚决谢绝说："我穷时帮助你，现在你富了才帮助我，你的富帮助与我的穷帮助不能相提并论"。

点评

比尔·盖茨对此事的领悟是：真富裕是拥有一颗富裕之心，而不是仅仅拥有金钱，所以报亭售货员较比尔·盖茨更富有。

管理论语

◎ 企业数字化要实现两大根本性转变：第一经营中心的转变，从以产品为中心到客户为中心，实现产品生产商到客户运营商的转变；第二管理基础的转变，从以业务为基础到以数据为基础，实现以人驱动业务到以数据驱动业务的转变。

◎ 中国制造业的发展要经过三个阶段：第一阶段是"仿造"，引进国外设备和产品，在仿造中学习，在代工中培训；第二阶段是"创造"，在基本学会的基础上，进行本土化改造；第三阶段是"智造"，研究掌握核心技术，进行全面创新。

◎ 文化的进化体现在语言的进化上，当今互联网上的表情包已成为新的语言，而且是世界通用语言，比英语更为普及。表情包是不断发展的，现在已有3000多个表情包，常用的也有100多个。表情包有两大特点：一是简单，使用表情包十分方便，一点就能发送；二是创意，表情包的创意十分形象，充分表达人们的各种情感。

◎ 信息技术IT与数字技术DT是两个不同层次的技术。信息技术包括计算机、互联网、编程软件等，都是以业务为主导；数字技术包括人工智能、大数据、云计算、区块链等，都是以数据为主导。数字技术由信息技术发展而来，但数字技术比信息技术更高维。青出于蓝而胜于蓝，从源头上解决问题是根本之道。

第 30 讲　创意营销

商道案例

某铅笔营销商设计创意营销，在每支铅笔上加一个纸套。纸套是精美的画片，每张画片是《水浒传》中 108 将的一位英雄，学生们都十分喜爱。凡是将 108 位英雄全部集齐的学生，可以得到奖励——一个精美的、有 108 将图画的铅笔盒。学生们要买大量铅笔方能获得此奖励，这项创意大大促进了铅笔销售，取得了极其满意的成绩。

点评

创意十分宝贵，营销需要有特色的创意。关键是创意要变成生意，才能产生意想不到的价值。

管理论语

◎ "逆商"，被定义为"对逆境中做出最有效应的反应，将在工作和生活中胜出。""逆商"决定一个人能走多高多远，"高逆商"的人更容易成功。提高"逆商"要升级个人操作系统，每个人都有大的潜力，主要在四个维度：掌控感、担当力、影响度和持续性。要努力使自己成为提高"逆商"的攀登者。

◎ 金融与产业的结合，提高实体经济的资本效率是企业发展的新路径。资本运作的关键是将未来现金流提前使用，通过提前交易来获取更多的资金，从而赢得发展机会，创造新的财富，形成良性循环。

◎ 乔布斯与马斯克都是反向创新的代表，他们对传统行业的改造是非线性的创新。乔布斯找准智能手机行业，马斯克找准电动汽车行业，都是重新建立游戏规则，改变行业的发展进化方向，使行业发生根本性的变革。反向创新的特点是基因突变，对传统行业的挑战具有颠覆性，从而产生全新物种。

◎ 云平台大体分为三类：一类是基础云，为社会提供数字技术的基础架构；一类是专业云，为行业提供数字技术服务；一类是应用云，由企业建立连接用户的应用云。三类云平台相互连接形成一个体系，成为发展数字经济的大平台。未来所有人、物、事都在云上，云平台是数字时代的根基。

第31讲 知识结构

商道案例

日本有两类中学生足球队，一类是普通高中足球队，一类是专业高中足球队。普高足球队以文化教学为主，足球教学为辅；专业高中足球队以足球教学为主，文化教学为辅。由于学习和训练的重点不同，两个高中形成了不同的基础文化。在全日本中学生足球大赛中，普高中足球队取胜于专业高中足球队，究其原因，在于学生知识结构的差异。

点评

知识结构十分重要，仅有专业知识局限性大，缺乏发展后劲。基础文化知识对学生的全面发展起到决定性作用。

管理论语

◎ 企业中有两条线产生两个成果：第一是业务发展线，这是显性曲线，每年产生丰硕的业务发展成果；第二是人才成长线，这是隐性曲线，在业务发展中不断实现人才成长。业务发展线与人才成长线应交相融合，从长远来看，人才成长的成果快于业务发展的成果，企业的发展才是可持续的。

◎ 优秀的企业总裁应该是三大定位：一是企业远景的传教士，将企业的战略、规划、前景不断向员工传教；二是团队选择和建设者，重点搞好识才用人，打造具有战斗力的团队；三是专注的经理人，精通战术和督导育人，勤奋踏实经营好企业。三大定位是一个整体，相互融合为一身。

◎ 企业中绩效考核有两大类型：一是KPI，即考核关键业绩指标，自上而下制定并考核，为相对被动的目标管理；二是OKR，即考核目标与关键成果，自下而上制定并执行，上级对目标指导方向和整体协调，下级自由开心地完成任务。

◎ 经络是对人体普遍联系方式的描述。经络提供个体的能量通道，经是大通道，相当于树干；络是小通道，相当于树枝；穴位是能量通道系统和人体表面的交接节点；针灸是通过节点的作用，使不正常的通道得到恢复。人体除了经络的能量通道外，还有神经的信息通道和血脉的营养通道（物质通道）。

第 32 讲　大雁效应

商道案例

大雁过冬都要迁徙，一只大雁是很难远距离飞行的，成千上万只大雁一起飞行，才能到达迁徙的目的地。雁群有序集体飞行，在雁群下面的空气会形成负压层，大大减轻了飞行中的摩擦力，使每只大雁消耗很小的能量轻松地飞行，从而确保雁群能长时间在空中飞行，直至到达远程目的地，这就是大雁效应。

点评

个体的作用是重要的，但个体一定要与群体合作。群体的价值大于个体价值之和，个体共享群体的合作价值。

管理论语

◎ 时间观即财富观，对时间定价，决定财富的上限。时间颗粒度是时间的基本单位，时间颗粒度越细小、越密集，对时间的感知度越敏感，成就也越高。成功人士，对时间极度"吝啬"和"抠门"。时间颗粒的本质是时间利用效率，凡是能用钱解决的，别用时间解决，时间比钱更宝贵。

◎ 一位世界级名人曾留下中肯遗言："一辈子最大的遗憾是错过了尝试的机会"。所以对于认准的机会宁可犯错也不要错过，敢于尝试才是好的人生。

◎ 王阳明的心学重心是"两力"，即"认知力+心力"，其核心理念为知行合一，主要方法是"事上练"，也就是行动第一，做事是根本，在做事中获得认知力和心力。实践是检验真理的唯一标准，这是知行合一的具体表现。

◎ 工业互联网有三大组成部分：一是基础工业互联网，主要提供基础技术架构，如阿里、华为、亚马逊、微软等巨头建设的工业互联网；二是专业工业互联网，围绕某个专业提供的行业互联网，如航空工业网、树根网、海尔网等；三是企业工业互联网，企业内外部互联互通建立的"数字大脑"，与专业网和基础网相对接，构建完整的工业互联网。

第33讲　专业外包

商道案例

某自行车工业公司，长期生产品牌自行车，具备优秀的机加工能力。在扩建油漆车间过程中，车间领导决定自制油漆生产线，依托公司机加工能力很快建成并进行了调试。在调试中遇到链条工位不同步的难题，调试八个月仍未解决，公司领导十分着急，聘请上海链条公司的师傅前来，仅用八个小时就解决了链条工位的不同步问题，实现了投产。

点评

专业事应由专业人来做，非专业八个月解决不了的问题，专业人员仅用八个小时就解决了，说明专业外包是一条选择之路。

管理论语

◎ 在数字经济条件下，人类正在实现亿万人跨时空的精准高效协作，产生了全新的就业模式：一是平台式就业，"平台+个体"使个人的才能得以发挥；二是分布式就业，所有个体都能在线上就业；三是灵活就业，随时随地都可以为自己创造价值。就业场所已经从线下迁徙到线上的"云饭碗""链饭碗"，实现工作生活柔性化。

◎ 好的画在像与不像之间，太像为图不是画，不像更不成其画，两者之间为佳。虚拟与现实，线上与线下，数字世界与物理世界都应将两者融合为一体，根据不同的时空或具体的场景，决定两者融合的主次和方式。

◎ 天下容易做的事难于做成，因为容易做的事大家都去做，竞争十分激烈，即使短期做成也做不长久。天下难做的事情却容易做成，因为难做的事大家都怕做，竞争相对要小，花工夫攻克就能做成，而且难做事往往是大事，实现大成功。

◎ 大多数成功人士都拥有"求异思维"，即不按常规行事，其主要特征是：从不维护自己的正确；从不在意别人的评价；从不受制于他人的情感波动；从不忌讳残忍的坦诚；从不同情自己的遭遇；从不停止疯狂的探索；永远追寻伟大的目标。特斯拉CEO马斯克就是这样的集大成者。

第34讲　设备共享

商道案例

某设备制造公司发现一个商机：许多国外进口设备利用率不高，造成严重浪费，一周仅用 1～2 天，且价格非常昂贵。为此公司设计一个云平台，将国外进口设备数据会聚在平台上，为未进口该设备的中小企业共享使用。现在已会聚两万多台设备，为成千上万家企业匹配使用，实现一举三得：（1）使设备进口企业提高设备利用率；（2）使众多中小企业不需要购置高价进口设备；（3）平台通过服务获得收益。

点评

现在设备使用率普遍不高，特别是高端进口设备使用率很低，实现设备共享可为全社会创造巨大价值，大有可为。

管理论语

◎ 对玫瑰花的认知有三种人：第一种人只看到花，没有看到刺，很容易被刺弄痛；第二种人只看到刺，没有看到花，碰也不敢碰；第三种人首先看到花，然后看到刺，小心翼翼地将刺拔掉，留下了美丽的玫瑰。三种人三种态度产生三个结果。

◎ 监管必须创新。监管创新应考虑两大原则：一是监管的目的，监管目的是为了发展，有利于更好发展，对于新事物监管要审慎，同时应有弹性；二是监管的方式，监管不是简单地使用行政手段，而应使用新的科技手段，特别是数字新技术。

◎ 从消费者心理学角度看，直播经济的启示是：消费品最终竞争的都是"精神消费"。消费者围绕"大V（大腕儿）"的购物，一是获得商品的质量保障；二是获得精神消费的良好感觉。在消费过程中通过与偶像的互动找到存在感，从而实现在消费活动中的价值体现，这是直播经济的意义所在。

◎ 对于大脑来说，失败是好的学习过程，为此要为大脑创造从失败中学习的条件：一是不要把错误推给别人，大脑记取失败就能使神经回路更新；二是不要经常想过去的失败，多想失败经验使神经回路再次启动；三是常想肯定的用语，让大脑建立正面经验的神经回路。人的大脑拥有比想象中更大的潜能。

第35讲　业务与服务

商道案例

麦当劳公司从做业务到做服务，大大提升了企业的价值。麦当劳公司在世界各地设立加盟店，由加盟店做业务，自己为加盟店做好服务。麦当劳公司的主要服务是帮助加盟店选店址、为加盟店培训业务、供应加盟店原材料、对加盟店进行质量监理、为加盟店提供信息化管理等。每项服务都要收取服务费，其服务收益大大超过门店的业务收益。

点评

服务高于业务，价值链的中心环节不在业务，而在服务，服务创造了高价值，这就是麦当劳公司的高明之道。

管理论语

◎ 产业平台公司是不断升级的，平台1.0为交易平台，主要为需求与供给优化匹配；平台2.0为生产平台，从交易延伸到生产，同时配套供应；平台3.0为开发平台，孵化开发者和设计者等创客团队，同时提供生产外包和市场交易；平台4.0为集成服务平台，除了专业以外全方位服务，特别是金融服务的价值较大，平台的关键在于运营能力。

◎ 世界级企业都是具有时代性的企业，综合其发展规律主要有六大特征，即愿景驱动、战略谋划、重现能力、以人为本、持续创新、追求卓越。其中，重要的是愿景驱动，这是精神文化层面的强大动力，以此推动时代进步，做出重大贡献。

◎ 区块链已成为数字经济的底层架构技术。区块链技术有两大机制支撑数字经济发展：一是共识机制，区块链是可信网，共识机制解决数据可信；二是智能合约，区块链是价值网，智能合约解决数据价值，主要是数据确权，可转换、可交易、可增值。数据的可信和价值是发展数字经济的根本保障。

◎ 营销不等同于销售，营销的本质是客户关系管理，包括客户获取、客户维护、客户服务等。现代营销要做到"四个不营销"：一是无体验不营销，体验是客户购买行为的首要环节；二是无数据不营销，获取客户数据才能精准满足其需求；三是无社交不营销，不断与客户互动，客户参与企业经营活动；四是无服务不营销，要为客户做好服务。

第 36 讲　数字化红利

商道案例

IBM 对全球 20 个数字化转型的典范企业进行跟踪分析。其基本结论有两点：一是数字化红利明显，从 2007 年到 2017 年的 10 年间，这 20 个企业的营业额总体增加了 12 倍，平均每年增长一倍以上；二是指数级加速发展，这 20 个企业数字化转型后，前 3 年发展比较平稳，完成数据积累后突破拐点，业务进入指数级发展时期，后 7 年的营业额增长了 11 倍，越到后面，越呈现大爆发性增长。

点评

数字化赋能实体企业发展，已成为企业效益的倍增器，数字化实现高红利，企业数字化大有可为。

管理论语

◎ 中国现在是"世界工厂"，已著称于世界。如今"世界工厂"正在向两大新方向发展：一是"世界办公室"，即从生产型制造转向服务型制造，生产型服务业蓬勃兴起；二是"世界实验室"，即科技创新成为新潮流，众多创客在实验室创业，涌现大量发明创造。

◎ 经济发展的轨迹呈现全新的规律：经济发展由最初的劳动密集型走向技术密集型，再走向资本密集型，现在正在走向数据密集型，这是由消费者所决定的。所有消费者最终都是数据消费者，未来将争夺数据的源头，得数据者得天下。

◎ 分享是一种美德，知识分享具有更大的价值。专利向社会公开，源代码向社会开源，经验与知识无偿开放都是知识性分享：一方面知识得到广泛传播与应用，产生巨大社会价值；一方面知识创造者获得社会的尊重，其自身价值得以实现。知识分享对于社会、对于个人都是功德无量的。

◎ 近代历史上每一次技术革命都伴随着巨大的金融泡沫，可以说金融泡沫是技术革命不可缺少的一部分，对技术革命推广意义重大。每次金融泡沫破灭后会留下三大财富：一是全球领先的龙头科技公司；二是先进的科学技术；三是完善的基础设施。

第 37 讲　数据推送

商道案例

有一位朋友是游泳爱好者，一次正在游泳时，他的手机发出呼叫，传递两条广告信息：一是卖游泳衣裤；二是卖游泳眼镜。这位朋友十分奇怪，怎么会知道我正在游泳。游泳结束后，他恍然大悟，原来他的防水手表在游泳前调在防水档上，这一信息给今日头条的广告商知道后立即把广告推送给他，数据推送比较精准。

点评

每个人的行为都是数据；掌握数据就能获得商机，实现精准推送，从而引导购买欲望，数据推送贵在精准。

管理论语

◎ 企业建立产品体验中心是营销的重要手段。现在用户对产品体验十分重视，正所谓"无体验不营销"。为此企业可建立独立的体验中心，将产品的各种功能和性能在体验中心展示出来，使用户能直观形象地看到、听到、触摸到，甚至操作到。根据大量实践证明，产品体验中心对营销产生积极影响。

◎ 底层系统的结构决定一切，也就是基因。人的底层系统结构，主要是人的价值观，决定人的发展动力和发展能力，历史上许多伟人都是以兼济天下为己任。企业的底层系统结构，主要是企业使命愿景，优质的底层操作系统决定企业的长期发展。

◎ 数据作为战略生产要素已为广大企业认知，积累数据虽然重要，但开发数据更为重要。从现实情况看，企业的数据开发不尽人意。数据应用得好是资产、是价值，数据应用得不好是负债。数据应用关键靠人才，通过培训和引进数据人才，将企业数据开发应用好已成为当务之急。

◎ 在企业数据资源中，一种重要数据是经验和知识。企业中的技术人员和老工人在长期实践中积累了大量经验和知识，这是企业的宝贵财富。对于这些经验和知识应采取两项措施：一是以文字形式将经验和知识记录归档，形成数据库；二是重要的经验和知识编写成软件，在企业中共享应用。

第38讲 品牌定位

商道案例

品牌定位是品牌的核心，"王老吉"凉茶饮料在品牌定位上有两大特色：一是客户定位，锁定"上火人群"，推出口号"怕上火，喝王老吉"，这七个字占据了客户的心智，给目标消费者留下深刻的印象；二是合作者定位，在经营渠道上推行"火锅店铺"和"合作酒店"计划，投资资金共同进行节日促销活动。这两大定位取得了显著效应，赢得了品牌竞争力。

点评

定位是企业战略的关键，对于品牌来说是首要决策，定位正确将使其立于不败之地，定位贵在特色。

管理论语

◎ 新个体经济为新的自由职业者群体，是数字经济的产物，包括设计师、医生、律师、作家、微商、网红、知识农民、匠心工人等。新个体经济人才是社会的，不是机构的；是分布式服务，不是固定职业；吃"云饭碗"和"链饭碗"，在互联网上工作，在区块链上创造价值实现价值，成为新生的知识劳动者。

◎ 事物处于流动状态，不断迭代和更新，充满不确定性。流动才能不断创新，才能创造价值。流动重视的是过程，特别是不断进化的过程。

◎ 数字经济的新阶段是发展数字化要素市场，主要从两个方面入手：一方面建立数字要素市场，包括数字货币、数字通证、数字资产等，发展数字高级要素；另一方面赋能各类要素，数字要素的神奇能力就是表达各类要素，为土地要素、劳动要素、技术要素和资本要素赋能，从而实现各类要素的增值。

◎ 新时代是大分散与大综合的融合。大分散在物理系统中越来越碎片化、微粒化，呈现分布式状态；大综合在数字系统中越来越云平台化、区块链化，呈集聚化状态。大分散与大综合两种状态通过网络交互融为一体。未来线下大都是小微企业，而线上是大型企业。

第 39 讲　差异化经营

商道案例

美国西南航空公司是四大航空公司之一，其经营特色是差异化竞争，始终坚持短途航线业务，开辟出"长尾蓝海"。在经营策略中创造三大独特优势：一是实行低票价，争取尽可能多的普通客户；二是确保航班准点，确保飞行安全；三是推出妙趣横生的表演节目，使客户充满乐趣。这些特色举措受到广大旅客的普遍欢迎，成为美国航空业的一枝独秀。

点评

差异化使企业具有优势竞争力，围绕客户需求的重点和"痛点"创造特色是经营王道。不争数一数二，但求独一无二。

管理论语

◎ 宇宙的膨胀速度越来越快，呈现加速度状态。人类社会的发展速度也越来越快，整个石器时代为 300 万年，占人类发展历史的 99%；农耕时代为 1 万年，小于人类发展历史的 1%；科学时代仅为 500 年，现在正处于科学时代的初期，但发展呈加速度态势，其增长曲线呈指数级增长，这对人们的学习能力是极大挑战。

◎ 当代的管理是认知的管理，特别要提高对时代与未来的认知水平。一个人的成长是认知水平的不断升级，打开对未来的认知通道。人们对认知有三种状态：一是不知道自己不知道；二是知道自己不知道；三是不知道自己知道，关键在于知道后真行动。

◎ 新的大变革存在两方面：一方面，新变革打破原来的平衡，创造新平衡阻力较大；另一方面，新变革本身需要有个完善过程。为此，新变革应先搞样板进行试点，取得经验和效果后再全面推广。现在传统企业转型升级也须先搞试点，基本成功后再进行复制。

◎ 日本丰田汽车集团的精益管理驰名世界。现在丰田在精益管理基础上创新，重在提高三大能力：一是应对变化的能力，不断策划为客户创造更多价值；二是实现目标的能力，为创造新价值而持续进行管理优化；三是强身健体的能力，在确保安全、质量、交付期的基础上，持续降低成本、培育人才。

第 40 讲　差旅外包

商道案例

杭州畅翔公司采用 B2B 模式开展差旅外包服务，以各大企事业单位为主要目标客户，为其提供全方位、专业化的商旅管理。其核心竞争力是以网络为云平台，整合各地优秀的酒店、航空、铁路、旅游及银行、税务等合作机构，提供一整套现代化服务系统。根据客户反馈，这套差旅整体解决方案使企业客户的差旅支出下降 20% 以上，差旅管理成本节约费用 50% 以上，取得了可观的经济效益。

点评

企业管理的众多场景都可以实施集中外包管理，依托网络云平台服务，大幅度降低成本，提高效率。

管理论语

◎ 事物发展的关键不在于规模而在于结构，不同的结构产生不同的结果。例如，1840 年鸦片战争时期，清朝的 GDP 为英国的二倍，却被英国打败。这是因为清朝的 GDP 是农业结构，而英国的 GDP 是工业结构，GDP 的质量不一样。对于企业而言，必须重视产品结构、客户结构、成本结构、组织结构和股权结构的不断优化。

◎ 熊彼特认为：每一次技术革新的结束是可以预测的下一次萧条；每一次经济陷入衰退，又意味着新的技术创新正在酝酿，经济的复苏及繁荣即将到来。当今世界正处在 2008 年全球金融危机后，新的技术创新到来，这就是人工智能技术。

◎ 弦理论（M 理论）是物理世界中的终极理论。宇宙弦构建整个量子世界最基础的结构，其本质是量子的振动模式，呈现振动激发态。弦是一种能量，更是一种数字。弦能够储存大量数据，成为最精简的数据库，从这个意义上讲，数字为宇宙之源。

◎ 创造性思维在未来极具价值。知识与创造力是两个概念，知识多并不一定有创造力，甚至有可能减少创造力。创造性思维最重要的来源是好奇心和想象力，用公式表达为：创造性思维 = 基础知识 ×（好奇心 + 想象力）。同时创造性思维与功利主义不相容。随着人工智能的加速发展，创造性思维成为核心竞争力。

第41讲　情感需求

商道案例

上海松江新城建设泰晤士小镇，全镇瞄准了婚嫁市场，将镇内所有商家纳入统一的服务体系，发挥整体优势，打造完整的婚嫁产业链。其核心服务是提供极致浪漫的英伦婚典套装，设计梦幻童话场景，根据新人意愿进行专业策划，让新人在乐园中展现自己。满足客户心灵深处的梦想的婚礼是人生重要的情感需求，泰晤士小镇已成为新人婚庆的理想殿堂。

点评

客户需求有两大类：一类是质感需求，提供产品使用；一类是情感需求，提供心灵体验。当今社会，满足情感需求尤为重要。

管理沦语

◎ 现代经济可以划分为研发经济、实体经济与服务经济。将研发经济单独划分出来具有重要意义，符合现代经济发展的时代性要求。研发经济地位日益上升，以爱迪生实验室、贝尔实验室、谷歌阿尔法研究院等为代表的研发型经济越来越成为产业升级的核心发动机。

◎ 美国谷歌宣布：在人工智能和基因科学的相互作用下，开始大规模改造人体内的"生命软件"，到2045年人工智能的创造力达到巅峰，超过今天所有人类智能总和的10亿倍。到那时，人类将彻底改造基因的编程，使生命升级到一个更高级的操作系统，人类将实现超级长寿。

◎ 历史上取得杰出成就的人物都有一个共同的特点，即人生的终极目标高于一切，矢志不移地为之奋斗终生。终极目标高于利益，不为任何无关利益而动摇；终极目标大于困难，不为任何艰难困苦而放弃，始终如一，实现终极目标。

◎ 现在聚集与分散的矛盾在不断作用，成为事物之间的基本矛盾。互联网就是如此，线下越来越分散，呈现微粒化、分布式状态；线上越来越聚集，呈现平台化、大集合状态。今后大企业都是平台型在线企业。

第42讲　特别理发

商道案例

"小儿廊"理发店为解决婴幼儿理发哭闹的难题，开办了专业的婴幼儿理发店。其主要特点：一是改变理发环境，设立儿童乐园；二是专业理发工具，采取保护措施；三是提供增值服务，制作婴幼儿纪念品、为孩子取名、为小孩摄影等。"小儿廊"的一系列特色服务受到广大家长的欢迎和好评。

点评

每个细分市场都有空白之处，关键在于提供特色服务解决"痛点"，通过服务创造附加价值，贵在细节。

管理论语

◎ 认知力不同、认知高度不同的人，看世界的角度是不一样的。认知越往下，所见越少，机会越少，竞争力也越小；认知越往上，所见越多，机会越多，越是感觉世界美丽、风光无限。人们从中洞察世界的本原，获知生命的意义。

◎ 事物发展有两个阶段：第一个阶段是从初级到中级的阶段，这个阶段一般是量的扩张，发展道路是连续的、线性的，比较容易达到；第二个阶段是从中级到高级的阶段，这个阶段主要是质的升级，发展道路是间断的、非线性的，需要上一个台阶，只有走新的路子才能到达，所以达到这个高级阶段的总是少数。

◎ 规模经济走向范围经济是一个新的发展趋势。规模经济的基本特征是"产品数量越大，则单位成本越低"；范围经济的基本特征是"产品品种多，但单位成本未必高"，这里的关键是应用信息新技术特别是软件技术实行个性化制造。

◎ 对事物意义的理解比事物本身更为重要。人们在从事一项工作时，首要的是对所从事工作的意义要有充分的理解。其意义与人们的愿望一致，才能调动人们内在的动力，使之更大限度地发挥积极性和创造性。

第43讲 "四吧"一体

商道案例

苏州有个"茗香阁"茶馆，一改传统单纯的喝茶场所，聚焦于年轻白领消费群，实施"四吧"一体经营：一是"茶吧"，除了喝茶以外，提供"无公害"名茶；二是"商吧"，创造商业机会，为不同需求的人牵线搭桥；三是"婚吧"，营造幽雅、温馨气氛专区，为男女朋友提供婚介服务；四是"书吧"，开辟宁静场景，提供畅销图书阅读与购买。"四吧"一体受到消费者的热烈欢迎。

点评

从经营产品和服务到经营客户是重大提升，客户身上有着价值丰富的网络，挖掘客户的潜在需求价值无穷。

管理论语

◎ 诚信是商魂，是商业社会之根基。诚信经营最基本的是两条：一是守信用，凡是承诺的一定要兑现，不因私利而失信；二是不坑人，遵守商业道德，不因私利而坑害他人。诚信已成为重要的商德。

◎ 客户体验已成为产品营销的关键，特别是年轻一代，对客户体验尤为关注，不但在线上体验，还要到线下体验，通过体验形成购买行为。同时将自己的体验转达给好友，形成病毒式传播，为此客户体验是非常有效的营销手段。

◎ 工业互联网有两类不同的平台：一类是基础工业互联网平台，主要提供工业互联网的基础架构，如阿里、华为等构建通用工业互联网；一类是专业工业互联网平台，是为某一行业服务的专业互联网，这类工业互联网一般由此行业的龙头企业来构建平台，开始时为企业自身服务，待数据和算法大量积累后为整个行业服务。

◎ 企业数字化人才应分为三个层次：第一层次是数字化治理人才，主要通过引进高端数字人才，担任首席数字官即CDO，负责企业数字治理；第二层次是数字化专业人才，是由精通专业技术的业务骨干通过学习数字技术，成为复合型人才；第三层次是数字化员工，通过全员培训，将劳务员工转型为数字化员工。

第44讲　内部创客

商道案例

海尔集团通过大胆尝试，进行了从生产产品向生产创客的转型。全公司组成 2000 多个创客队伍，平均每个团队有 7～10 名员工，创客团队直接面向市场，为顾客创造价值、分享价值。海尔现已有 300 多个团队销售额达亿元以上，同时有 100 多个团队获得创业投资。这种员工自组织，具有强大的自驱动力，给企业带来前所未有的活力。

点评

传统企业如绿皮火车，动力全靠车头带动，速度仅为 70 千米/小时。企业内部创客团队如高速动车，动力在各节车厢，速度达到 300 千米/小时。

管理论语

◎ 企业家精神应具有时代性，新时代的企业家精神集中体现在三方面：一是创新精神，创新的本质是试错，敢于在试错中迭代优化；二是赋能精神，为员工赋能，赋予员工权力、责任和利益，提供资源和能力；三是社会责任，除了纳税和就业应尽责任外，应自觉保护环境，搞好安全和社会公益等。

◎ 竞争促进联合，产业发展有其客观规律。第一阶段是产业发展初期。由于市场空间大，效益丰厚，导致投资蜂拥而上，大多数是低水平产能扩张，造成无序竞争。第二阶段通过市场竞争优胜劣汰，活下来的几乎都是优胜企业。第三阶段继续向前发展需要产业联合，相互合作是走向共赢的必由之路。

◎ 企业转型要采用"双业务模式"：对于老业务要相对稳定，老业务按既有的经营方式、生产流程和组织架构维持运营；对于新业务要大胆改革，新业务建立"创新中心"，按新人马、新组织、新机制创新运作，甚至引进创客激励创新。实践证明：由"双业务模式"逐步转型是可行的。

◎ "创转投"结合是一大创举，即将创业企业、转型企业和投资企业三者深度融合发展。创业企业有创业激情和创意，但缺乏资源与能力；转型企业有实力和经验，但缺乏创新要素和创新人才；投资企业有资金但缺项目，三者融合以创业为中心实现共赢。

第45讲　跨界发展

商道案例

昆山好孩子公司是著名的童车制造商，在海内外享有盛誉。到好孩子公司产品陈列室参观后，感到好孩子商品不只局限于童车，而是已经实现多方位跨界，成为儿童商品的全系列供应商。商品供应包括儿童服饰、儿童食品、儿童教学、儿童玩具等各类儿童用品，简直是儿童商品大世界。这些商品中有好孩子公司自营的，更多的是世界各地的名牌商品。跨界发展使好孩子公司获得了丰厚的效益。

点评

跨界发展是建立在主业名牌的基础上，围绕客户开展全方位经营，同时与其他品牌共享客户价值。

管理论语

◎ 谷歌正在打造超级智能系统，通过其强大的信息网络技术，建立"智能化的生活网络"，从大量数据中深挖用户需求，一旦用户和生产领域对谷歌的智能化服务产生依赖，就可以掌握虚拟和现实世界的"统治权"。

◎ 对于人的画像，可以通过每个人的语言和行为数据来描述，从而获得每个人的数字信用。对于企业的画像，除了企业自身提供的数据，主要是分析企业的关系结构数据，如企业的用户关系、供应商关系、合作单位关系以及各种社会关系，将众多关系的数据结合分析可以获得每个企业的数字信用。

◎ 将创意变成生意是一个转化过程。传统的方式是由开发者组织资源、生产制作到市场营销来完成。新的方式由个人开发好的创意，通过专业平台来实现。平台提供资源和能力，赋能开发者，平台的核心能力是后台建设，在后台建立数据库和模块系统，应用数字技术将开发者的创意转化为生意。

◎ 在企业应用大数据中，比较重要用户数据的应用，包括用户的购买数据和行为数据等。通过对大量用户数据的整理分析，一方面为整个用户群画像，提供用户更好的使用体验；另一方面为某个用户画像，更有针对性地提供具体用户的个性需求。

第46讲　精准维保

商道案例

电梯经常发生故障，成为社会安全的"痛点"。新天益公司建立电梯远程维保云平台，已在全国连接 120 万台电梯。通过打通电梯在各环节的数据，应用算法进行远程监控。通过数据分析预判电梯故障，大大减少了盲目维保。以往一台电梯每年需要维护 18 次，现在仅需要 6 次，减少了三分之二。精准维保节约电梯维保费用 60%，同时提高了维保的效率，一举多得。

点评

通过数据分析实现精准化，可大大减少浪费，节约成本，提高经济效益。

管理论语

◎ 数据已成为战略资源，但单一数据是难以发挥作用的，众多数据的交互才能产生新的价值。一个机构尤其是企业，内部数据是有限的，需要大量外部数据，为此必须进行数据交换，将自己的数据与他人的数据交换，这是取得大数据的有效途径。

◎ 大数据的重要作用无可置疑，但小数据的作用也十分重要，特别是专业性的数据集作用更强，许多场景的现实数据尤为宝贵。数据是机器人和人工智能的基本原料，光有普通大数据原料远远不够，更需要专用的小数据原料，小数据大有可为。

◎ 新的建设工程采用 BIM 技术（建筑信息模型）是一大趋势。凡是应用 BIM 技术的建筑项目定价普遍提高 15%～20%。究其原因，主要是 BIM 技术不但能提高效率、缩短建设周期，更能避免因大幅度的工程改动而降低成本，争取价值最大化。

◎ 想象力是人类进化的第一能力。在人类历史上，重大想象力都是体系的变化，需要系统强大的变革。例如，数字革命不是工具性的"用变"，而是根本性的"体变"。将数字化理解为工具的变革，其作用就大大减少，更为影响变革的动力。从"体变"的高度，更有利于提高改革的自觉性。

第47讲　数据检测

商道案例

常州某产品检测公司专门做光伏晶片的质量测试服务，在长期检测过程中积累海量数据。公司在对某家企业的光伏晶片测试中发现产品合格率仅为93%，通过数据分析找到了合格率低的12条原因。为了验证这些原因进行实地考察，结果与数据分析的原因基本一致。以此公司提出提高合格率的整体方案，可以使该企业的产品合格率提高5个百分点。按每个百分点增益200万元计算，该企业可增加经济收益1000万元，价值十分可观。

点评

数据检测不仅能发现产品质量问题，还能找到产生问题的原因，进而提出解决问题的方案。

管理论语

◎ 35位美国大学教授的共同结论意见："没有自己的观点是中国学生的突出问题。"教授们鼓励学生根据提前布置好的阅读材料交流提问、深入分析、批判性思考、吸收别人的观点。

◎ 老子的《道德经》，其核心思想主要是三大原理：第一返璞归真，坚持回归原点，不可忘却初衷；第二无为而治，不违背事物的本源法则行事，无为而无不为；第三反向思维，目标要正道，路径应反向求取，相反而相成。

◎ 量子思维是不确定性的产物，也是数字时代的宠儿。量子思维需要量子管理，量子管理着眼于未来，实行聚变式组织，追求跃进式增长。量子思维需要量子领导力，领导者需要变命令为服务，变控制为赋能，为思维的重大变革。

◎ 认知系统是全新的事物，对提升企业制造价值的能力起到决定性作用。根据IDC的分类，未来将有一半的消费者会基于认知技术定期开展服务互动，采用认知系统应用的企业收入增速将比不采用的企业高出65%。企业将认知技术应用于认知商业有三大前提条件，即制定认知战略，完善云平台建设，实施管理变革。

第48讲 协同商务

商道案例

沃尔玛与宝洁是零售商与供应商的关系，两者建立"宝洁—沃尔玛协同商务模式"，通过深度合作实现了双赢。协同商务模式采取两大措施：一是建立 CPFR 流程，从共同制定商业计划开始，到市场推广、销售预测、订单处理，再到对市场流动的评估总结，构成一个可持续提高的循环；二是建立信息化管理系统，通过电脑监视及时调整生产，实现灵活补货，从而使双方都获得丰厚的回报。

点评

协同商务模式解决了供应商与零售商之间的"零和博弈"。建立合作联盟的关键因素是"人"，相互构建高度信任关系，实现流程革命。

管理论语

◎ 人工智能的发展将带来就业的深刻变革：一方面是大量简单重复的工作将被机器所替代；另一方面是人们对于智能化要求的全新工作岗位无法适应。这就要求学校教学的专业设置必须增设大量新专业，同时广大企业要引进培训，以应对就业变革的新要求。

◎ 在物质消费基本满足后，精神消费正成为必须。为适应精神消费的需求，实体门店应实行大变革，从商品购买为中心转向消费者体验为中心。以体验来强化消费者的认知、感悟和愉悦，从而形成购买行为，从新体验中实现精神的快乐。

◎ 组织的发展正在发生大的变革，企业组织从职能式转向扁平化，现在又转向自组织。自组织是量子组织，也称为网络生态组织，所有成员都有自由的空间，自主组建工作团队，自主搭建工作框架，自觉设立工作目标，自动完成工作任务，这种自驱动组织具有强大的内在动力和发展生命力。

◎ 在企业管理中主要有三类人才：第一类人才是谋事，一般是中层干部，以专业知识将事情做正确；第二类人才是谋人，团队上层领导，关注于选择正确的人来做事；第三类人才是谋局，主要领导及其智库，集中精力于确定战略方向，选择做正确的事，其关键是对发展大势的洞察把握。

第49讲 泛能网

商道案例

新奥集团是大型天然气供应公司，在全国已联网，供应一万多家企业的天然气。在实践中新奥集团发现天然气使用效率不高，存在大量浪费。为此，新奥集团建立泛能网，为万余家企业的多种能源进行智能化能量综合管理。其核心是用数字技术重构能量体系，通过数据模型控制用电、用气、用热，使其处于优化状态，从而提高了能量效率。这不仅为用户减少了能量浪费，又为企业增加了经济效益。

点评

互联与智能是两个不同的概念：互联只能供给能量，而智能才能优化能量效率。从互联网到智能网是企业管理的重大提升。

管理论语

◎ 企业管理要从劳务管理走向知识管理。劳务管理主要依靠刚性控制，将人当作机器来管理。知识管理的对象是知识工作者，主要依靠自我管理，真正体现以人为本。知识管理主要是激励和赋能，激发知识工作者的积极性，赋能知识工作者的创造能力。

◎ 以色列培养学生有独到的要求，其核心在三个方面：一是发现问题，看出问题是首要的，需要人的想象力；二是想出办法，提出解决问题的办法，需要人的创造力；三是实施到位，将问题解决好，需要人的执行力。这三个方面的关键是敢于试错，自己发现问题，自己解决，在试错中提高学习能力。

◎ 企业在发展中要处理好三个方面的关系：一是个体与组织的关系，首先要充分发挥个体的潜力，同时将个人融入组织中；二是组织与环境的关系，组织生活在环境之中，要与环境一体化发展；三是环境与变化的关系，环境是不断变化的，企业要以变应变，提高对变化的适应能力。

◎ 现在有一种新的经营模式是以商品换流量：先将商品送给客户，客户在使用中产生很多数据，这些数据十分宝贵，为了解客户的潜在需求提供依据，从而更好地开发客户新的需求。流量已成为市场营销的关键资源。

第50讲　众筹旅游

商道案例

上海一位旅游爱好者经常在微博平台上发布旅游博文，得到许多粉丝的好评。有一次他发博文表示要到南极去旅游，费用面向粉丝们众筹。众筹内容是：每位粉丝众筹100元，请将你的愿望用一句话带到南极。一周后，有1000多位粉丝参与众筹，共得10多万元，旅游费用全部解决。然后他制作长卷油布大屏，将每个粉丝的愿望写在大屏上，插在了南极的冰山上，拍摄视频发给每个参与众筹的粉丝。

点评

众筹不一定是投资，凡是有意义的内容可以众筹，然后用产品或服务来回报。

管理沦语

◎ 产业组织已经从技术层面向商业层面进而向信息层面发展。产业组织的最初层面是技术，技术是重要基础，主要提供功能价值；产业组织从技术走向商业是必由之路，商业模式是关键，主要提供市场价值；产业组织的最高层面是信息，信息具有本质性，可提供全方位价值。

◎ 传统企业与互联网企业本质的区别在于数据化。企业一切行为都产生数据，需要让大量数据沉淀以提取有益数据。数据不仅在规模更在于多源，各种数据的交互会产生叠加效应，各种数据的协同会产生优化效应。互联网企业的优势在于数据化。

◎ 现代企业家突出挖掘两个价值：第一挖掘人力资本价值，用50%的精力选人育人用人，使人力资本不断增值，创造更大的用户价值；第二挖掘大数据价值，用50%的精力集聚数据、开发数据、使用数据，使数据产生更大的企业价值。

◎ 创新成功的时空要素是"方向+时机"，第一是方向，方向是战略，主要把握趋势，包括技术趋势、市场趋势和产品趋势等；第二是时机，时机是关键，方向正确而时机不对也难以成功。时机一般把握在早期的30%以内，随着科技的加速发展，尽量把握在早期更为有利。成功是方向和时机的有机结合。

第51讲 数字足球

商道案例

有位著名足球教练将足球训练基地数字化。首先，挑选运动员，他要求每位学员脚上穿带有传感器的鞋，通过传感器记录体力、耐力等数据，从中挑选优秀的运动员。其次，发现其特点，用摄像机全程记录每位运动员的行为数据，从中发现每个人的特点，安排适合的岗位。最后，精准培育运动员，通过分析运动员的成长数据，针对性地进行训练。通过足球数字化，这位教练培育了大量优秀球员。

点评

学习和训练需要大量数据，通过数据分析将学习和训练精确化，从而大大提升学习和训练的水平。

管理论语

◎ 创意产业是一个全新体系，需要将文化、技术、产品、市场进行结合才能实现产业化。创意走向市场有一条较长的路，现在顾客不仅需要产品能够满足功能要求，同时还需要其满足自身情感需求。创意就是要不断创造人的情感需求，使创意转化为生意。

◎ 商业社会越来越走向民主，商业民主将成为新的潮流。人们并不想简单地消极消费，而是更愿意参与对自己有意义的产品创造和开发过程。众包就是实现商业民主的极佳方式，通过企业与消费者的互动，更好地满足顾客消费体验和内在需求。

◎ 人类社会的经济组成形式是不断变化的。经济组织的 1.0 时代是家庭，家庭成为农业社会的基本经济单元；经济组织的 2.0 时代是公司，公司成为工业社会的基本经济形式；经济组织的 3.0 时代是新型企业，新型企业成为数字社会的基本经济组织。新型企业将"公司+员工"转变为"平台+个体"，是全新的经济组织。

◎ 心态决定一切。世界的 10% 是由发生在自身上的事情组成，这是无法控制的；而 90% 则由人们对所发生的事情做出的反应所决定，这是能够控制的。对于同一件事情，人们做出的反应不同，有人是正面的反应，有人是负面的反应，这取决于人的心态。好的心态可能会把坏事变成好事。

第52讲 造车新设计

商道案例

汽车设计有两种途径：传统的汽车设计方法，由设计师参照现有汽车的概念和参数进行优化设计；某汽车公司采用创新的汽车设计方法，主要研究客户的数据。数据来源：一是搜索互联网上多种汽车使用者的点评，包括赞赏的和批评的各种意见；二是通过车联网，收集大量汽车实际使用状况的数据。根据这两类数据设计的汽车深受广大客户的欢迎和赞赏。

点评

两种设计反映了不同的设计思想：传统设计是产品思维，就产品设计产品；创新设计是客户思维，用数据设计产品，其结果将是完全不同的。

管理论语

◎ 社会治理有三个层次：一是城市；二是家庭；三是社区。三个层次有各自功能，其中社区具有决定性作用，主要是社区实施自治，由社区内的人群自己管理自己，这是非常有效的。例如，在新冠肺炎疫情期间，社区人群自愿组织起来，互相帮助，互相监督。实践证明社区是社会治理的核心力量。

◎ 信息对于科学决策十分重要：第一，信息要充分，信息不对称往往造成失误；第二，信息要正确，错误信息导致情况误判；第三，信息要及时，过时的信息必将丧失时机。信息是决策的依据。知己知彼，百战不殆。掌握充分、正确、及时的信息将无往不胜。

◎ 空间维度主要是一维、二维、三维。一维为线，看问题是孤立的；二维为面，看问题是对立的，非黑即白；三维为体，看问题是多面体，比较全面。时间维度是四维以上，从五维直至十二维。时间维度主要是各种"变化"，呈现不确定性，通过"数化"转化为确定性。

◎ 经济与社会的组织方式是不断发展的。第一种方式是自由竞争方式，自由竞争虽有效率，但是有失控的风险；第二种方式是行政管控，行政管控虽有秩序，但有缺乏活力的问题；第三种方式是社会协同，这是前两种方式的有机结合，由社会自治管理，通过社会协同来解决效率与秩序的平衡，从利己主义，到利他主义，再到互利主义。

第53讲　市场升级

商道案例

北京中关村和南京珠江路在20世纪80年代至90年代是全国有名的电子电器大市场。21世纪以来，北京中关村逐步从市场向工场转变，进而向科场转型。中关村通过发展科技创新，引进大量"创客"进行科技创业，整个业态发生根本性转变，成为全国科技创新的大基地。南京珠江路则一直未变，仍是做电脑生意的老市场，两者已不可同日而语了。

点评

市场应不断升级。贸工技是发展规律，从贸易市场开始，逐步发展工业，进而升级科创，走上新的发展平台。

管理论语

◎ 投资性企业投资项目还是投资客户，这是两种完全不同的投资理念。投资项目是做一次生意，做一个丢一个。投资客户是做长期生意，为客户提供投融资解决方案，为客户提供增值服务，变投资为合作，与客户一起成长共同发展，这样的投资性企业是可持续发展的。

◎ 市场的潜力在于细分，越是细分机会越多。要在细分市场里做专，做到极致就可以做平台做品牌。专中求强，强中求大，在专业中掌控市场和话语权。

◎ 许多企业在市场经济初期挖到了第一桶金，但在市场经济深入发展的今天却没挖到第二桶金，反而把第一桶金还给了市场。究其原因主要有两条：一是战略犯错，特别是盲目投资造成失误；二是不思创新，墨守成规导致被边缘化。

◎ 信息是对不确定性的度量。消除不确定性需要更多信息，信息越多，确定性越大。传输信息需要能量，现在正是从能量主导世界走向以信息主导世界。信息主导能精准使用能量，提高能量的配置效率和使用效率。信息的数字化使信息走向更高阶段，应用数字智能实现更高水平的发展。

第54讲　创业格局

商道案例

国内某科技园的创业青年有一个梦想,"背着书包进来,开着奔驰出去"。也就是说,青年学生开始创业仅有一个书包,几年后创业成功,就可以开着奔驰汽车回家。这应该是好事,值得庆幸。硅谷的创业青年中,许多人一开始就定位于"我要改变世界",虽然很难达到,但一旦实现目标,不仅改变了世界,而且变得十分富有,创业愿景确实可嘉。

点评

创业格局从一开始就要有高的起点。创业发财致富无可非议,更重要的是为世界做出较大贡献。

管理论语

- 牛顿理论是工业时代的基石,建立在机械论的基础上;达尔文理论是数字时代的基石,建立在进化论的基础上。人工智能沿着机器进化的道路发展,生物进化是物种与环境的相互作用,在试错中不断迭代进化;机器进化是机器与场景的相互作用,也是通过试错迭代,实现自我进化。
- 社群已成为最重要的社会力量。原始社会为应对环境变化和外族冲突,以群体合作式组建社群,大的社群达到150人左右。现代社会新社群是小众化的定制人群,按照自己的意愿或兴趣参加各种社群,成为"自由人的联合体",具有强大的生命力。新的社群是虚拟社群,主要形式为"大平台+自组织"。
- 平台公司正在不断升级,平台1.0阶段主要是匹配需求和供给;平台2.0阶段,在匹配需求的同时,提供各种资源,重点是解决供应链资源,包括资金等;平台3.0阶段,关键在于能力赋能,特别是数字化能力,为平台成员提升发展能力。
- 在数字时代,由于数字的广泛连接与耦合,各种业态相互融合,成为互联网上的"数字经济体"。从这个意义上讲,未来企业没有严格的行业之分。全球企业将呈现两大类:一类是数字企业,一类是非数字企业。数字企业将融合发展,非数字企业将逐步被边缘化,这是时代的重大变迁。

第55讲　第三方买单

商道案例

美国百事可乐公司将客户群主要定位于年轻人。年轻人喜欢听现代音乐，为此百事可乐与苹果公司和亚马逊公司合作送音乐。凡是买五瓶百事可乐的客户都可以免费下载在线音乐，从而使可乐销售量大增。同时，百事可乐在可乐瓶上为音乐提供商做广告，以解决免费音乐的来源。这样，两全其美，实现了双赢。

点评

第三方买单的本质是共享客户，为同类客户各方互换资源，共同满足客户的需求，为客户服务是互相赋能的。

管理论语

◎ 随着数字经济的不断发展，企业制度的创新、变革日趋紧迫。现在制度缺失存在两大问题，即"制度不完善"和"制度空白"，为此制度企业家应运而生。由于传统企业制度的惯性，制度企业家主要通过两大举措进行制度创新：一是先嵌入后突破，二是先投资后证明。全社会要营造一个鼓励制度企业家创新的友好氛围。

◎ 对于企业的早期投资，应从个体优势转向群体优势。早期投资项目个体小、变化大，不容易看准。个体投资主要围绕方向和人才进行群体投资，先少量试投，再逐步放大投资。群体投资是个试错过程，有一些不利是正常的。通过投资孵化总有一些群体成长壮大，总体来说投资效果是成功的，这就是投资的群体优势。

◎ 未来个体应打造超级单兵方能生存发展，关键要在一个细分市场里精益求精，通过"平台＋个人"的新模式发挥自身最大价值。超级单兵既要在专业上细分，颗粒度尽量细化，又要在专业上构建生态系统，适应独立作战，成为名副其实的超级单兵。

◎ 数字化应坚持"三先三后"的原则：第一先软件后硬件，凡是软件能解决的问题软件先行，然后再考虑硬件；第二先线上后线下，凡是线上能解决的问题线上先行，然后再考虑线下；第三先数字系统后物理系统，凡是数字系统能解决的问题数字系统先行，然后再考虑物理系统。坚持"三先三后"原则，以求事半功倍。

第 56 讲　敏捷供应链

商道案例

美国戴尔公司以电脑直销销售模式闻名于世，直销的制胜法宝是打造无坚不摧的敏捷供应链。敏捷供应链有四大环节：一是零部件供应的敏捷，存货周转率仅为 4 天；二是生产装配的敏捷，平均一台电脑装配时间为 2～6 小时；三是销售物流的敏捷，只要打通"800"电话订购，便可在 2～5 个工作日送达客户；四是供应链信息的敏捷，每张订单的信息高速在网络上自动流转。这四大环节以敏捷为"龙头"，体现"虚拟整合"的威力。

点评

实施大规模定制的灵魂是速度，打造敏捷供应链是核心竞争力，信息的高速度流转在其中起到关键作用。

管理论语

◎ 对于模糊的事物不宜用精准的办法度量分析。量子思维是模糊的，既在这里也在那里，既是这样又是那样，其核心是概率，不是确定性，而是可能性，追求概率优势，从而使模糊转化为精准。机器学习就是模糊学习，不断试错反馈，实现迭代优化，从而达成目标。

◎ 城市发展大体上有五种类型：一是资源性城市，由于资源枯竭而逐步萎缩；二是加工型城市，随着劳动力短缺，工资上升而不断衰退；三是工商型城市，传统工商业面临挑战；四是文旅型城市，随消费升级应运而生；五是科创型城市，科技创新是时代大势。

◎ 大数据分析应用主要分为三个层次：一是描述性分析应用，从数据中总结，抽取相关信息和知识；二是预测性分析应用，从数据中分析事物之间的关联关系、发展模式等；三是决策性分析应用，在前两个层次基础上，分析不同决策的效果，对决策进行指导和优化。三个层次不是孤立的，而是交互应用，融为一体。

◎ 新的商业模式要求企业做平台，而不是做航母。航母企业是超级帝国，大而全的封闭式发展，容易得大企业病；平台企业是生态系统，整合资源开放式发展，具有强大发展能力。

第57讲　时间就是金钱

商道案例

20世纪80年代初，深圳蛇口开发区向港商引进重要机器设备，价值3000万港币。届时约定协议一经签订即刻付款。当3000万港币的支票一拿到，港商的司机就等候在大门口，将支票立即送到银行存入账户。有人问港商为何如此迅速，港商说银行星期五下午五点下班，如果赶不上只能到下星期一，这样就差三天，要损失利息上万港币。

点评

这个案例使人明白了："时间就是金钱，效率就是生命"。事后，这种观念就植入人们的心中。

管理论语

◎ 未来影响力是第一位的。影响力来自两类人才：第一是新思想，未来创造新思想和传播新思想的人才极具影响力；第二是新算法，未来普通人产生大量的数据，供掌握新算法的少数人开发数据，从而成为具有全球影响力的人才。

◎ 数字时代的企业，有三大要素：（1）数据是重要的资源，是建立全方位的数字大脑；（2）数字人才是重要的人才，培育既懂数字技术又通专业技术的复合型人才；（3）数字化能力是重要的能力，应强化数据开发和应用能力。

◎ 数字化是换机器不是换零部件。数字化不是在老机器上换几个新零部件，如OA（办公自动化）、ERP（企业资源计划）、MIS（管理信息系统）等。有些软件公司虽然是数字产业，但仍是老机器上加新零部件。数字化机器原有的大部分零部件仍然可用，主要是更换软件。新老机器的区别在于数字思维，就是数字驱动业务。

◎ 当今，制造业服务化与服务业工业化是新的趋势，使制造业与服务业融为一体。两者融合部分就是生产性服务业。根据美国专业部门分析，美国生产性服务创造的价值已占到全部GDP（国内生产总值）的50%左右，特别是高端生产性服务发展更快，已成为知识密集型和高附加值产业。强化生产性服务是实现制造业高质量发展的必由之路。

第58讲　质量保证

商道案例

日本松下公司对零部件供应商的产品质量要求十分严格，不仅要加强产品质量检验，更要强化产品质量过程的控制。其主要措施为：一是对零部件的原料进行选定，并加予封样；二是对生产零部件的设备严格指定，确保制造质量；三是对生产零部件的工艺设计组织评估，符合质量保证要求；四是对零部件生产人员进行培训，发放证书。松下公司采取这些措施，从根本上保证产品的质量。

点评

产品质量不是检验出来的，而是靠生产过程中严格控制得来的。质量保证不在产后，而在产前和产中。

管理沦语

◎ 未来企业的发展在云上，竞争也在云上，云是高维度的发展。云上发展有三大特征：一是资源广，由于云是开放式的，社会资源广阔；二是机会多，云交互广泛，发展机会多；三是效率高，数据网络为零距离，效率必然高。

◎ 第一性原理是全新的思维方式，其核心是回归事物之本质。通过寻求事物之原因直至最终原因，从本质上认识和解决问题。从定性维度上用物理原理探求事物之本质内涵，从定量维度上用数学原理研究事物之解决方案。

◎ 未来的发展是新维度的全球化，新维度的内涵为全球数据的互联互通，建立全球大一统的数据中心，成为超大系统的全球数据库。通过全球数据的互联共享，发展新维度的全球化，实现全球治理的科学化。

◎ 产业互联网实现价值的机制集中在两大方面：一是将分散的业务集中起来，在任何场景中众多业务都是分散的，通过数据化将所有业务集中起来形成一体；二是将集中的技术分散开来，数字技术将数据通过算法形成数据产品，然后分散给业务实现新价值。

第59讲 外包赋能

商道案例

美国苹果公司对外包企业十分重视，对凡是整体外包的项目进行全方位赋能，主要方式为：一是对外包规划方案，组织专家进行全面评估，审定通过后方能实施；二是提供各种资源，包括核心软件、重要设备和机器；三是全过程技术指导，委派配套的技术人员进行技术培训和辅导。同时，提出强化执行力，通过网络实行远程监控，从而使外包企业的工作水平全面提升。

点评

外包不是放开不管，而是通过全面赋能，不断提升外包企业价值制造的水平，使外包企业与主体企业一体化发展。

管理沦语

◎ 机器学习有三大特点：一是大量学习，机器学习的数据量很大，而且是一天24小时不间断学习；二是快速学习，机器学习是计算机（光速）速度，而且能快速试错，快速迭代优化；三是群体学习，机器学习可群体一起学习，单个机器学会的东西，群体相互学习后都学会，而且越来越聪明。这三大特点是人类学习无法比拟的。

◎ "满"与"空"的内涵："满"代表利益，"空"代表价值。"满"是已经实现的利益，利益已经满了，就没有新的利益空间。"空"是从未实现的价值，价值正空着，就有最大的价值空间。佛教中的"空"，不是什么也没有，"空"代表新的价值，可装入全新的未来。

◎ 数据标注是数据产业中的重要门类，具有广阔的发展前景。所谓数据标注就是给数据贴标签、做记号、标颜色、划重点的方式，使数据特征化，特征数据才是有用数据。数据标注是人才密集型产业，需要大量知识员工。随着数字化的加速度发展，将会涌现一大批"数据富士康"。

◎ 在需求快速变化的时代，制造企业的一项重要能力是快速响应市场，而非单纯降低生产成本。快速响应包括产品创新能力、快速交货能力，以及连续补货能力等。新的市场应变能力，必须适应小单、急单、短单的需求，以及时把握市场销售的机会，速度大于成本已成为新的市场规则。

第60讲　创新速度

商道案例

韩国三星集团有个广为人知的"生鱼片理论"：当你第一天抓到高档鱼，在一流的日本餐馆里能卖个好价钱；如果等到第二天，就只能以一半的价钱卖给二流餐馆；到第三天，就只能卖到四分之一的原价格。长此以往，就变成了"干鱼片"。这个故事说明："速度经营"是关键，创新也一样，关键在于创新速度。三星集团在创新速度上提出"四先原则"：即发现先机，事先获得技术标准，产品抢先投放市场，在全球市场占据领先地位。

点评

创新固然重要，创新的速度更为重要，许多创新成果只有第一没有第二，总是快鱼吃慢鱼。

管理论语

◎ 中国经济要进行三次大升级：第一次是"世界工厂"，大量的生产能力，已形成完整的现代制造体系；第二次是"世界市场"，逐步富裕起来的中国人具有旺盛的购买力，已构建全球性巨大市场；第三次是"世界实验室"，科技创新正在成为中国新的大浪潮。

◎ 虚拟资产与实物资产的运营方式完全不同。实物资产在使用中磨损，在使用中不断贬值；虚拟资产在使用中增值，使用越多价值越高。为此，实物资产一般以自用为主，而虚拟资产以共享为主，其边际成本为零。虚拟资产的作用与日俱增，将产生更大价值。

◎ 大商无商，商道即人道。从商者先利他，先为他人精心服务，从而获得顾客、员工、合作伙伴的人心，生意就在其中，赚钱成为结果。一个人和一个企业之所以有价值，是因为有被他人利用的价值，能为他人创造价值。古往今来，这条经营理论永恒不变。

◎ 生物进化的选择是不断升级的：一是自然选择，长期以来生物在环境作用下，适者生存遵循自然选择的法则；二是人工选择，由于新技术的发展，特别是基因工程的应用，生物包括人类都可以人工选择；三是数字选择，随着数字技术的发展，可以通过数字设计产生新的生物物种，数字时代人类将实现数字选择的新进化。

第61讲 "微笑曲线"左方

商道案例

台湾鸿海集团是从事消费电子产品 OEM 的生产商，是全球最大 OEM 企业。鸿海的经验主要是重现"微笑曲线"左方：一方面不惜耗费巨资进行技术与专利的研发；一方面通过对上游零部件企业并购与入股，来换取研发技术。鸿海集团在"微笑曲线"左方花大力气，所以创造了速度奇迹，大部分台湾的 OEM 企业只能做到"853"产销，即 85% 的产品 3 天内出货；而鸿海集团却能做到"982"产销，即 98% 的产品两天内出货，赢得了市场的先机。

点评

"微笑曲线"的右方是市场，左方是科技。要赢得市场就必须重视科技，"微笑曲线"需向左方倾斜。

管理论语

◎ 世界的发展呈现三大生态系统：第一是自然生态系统，整个自然界在长期发展中最先成为生态系统；第二是人类生态系统，人类从自然界进化而来，逐步成为独立的生态系统；第三是机器生态系统，人类创造了智能机器，现在人工智能将构建新的机器生态系统。

◎ 企业数字化的本质是改变"灵魂"而不是改变"身体"。第一是决策变革，以数据为核心来科学决策；第二是业务变革，以数据驱动业务，以算法赋能业务；第三是管理变革，以数据共享中心实现云平台公共管理。

◎ 从"首富"变成"首负"是出现的新现象，其核心要害是投资失误：一是过度扩张低端产能，造成大量库存积压；二是盲目进入新领域，由于技术与人才准备不足，投资新领域后进退两难；三是重资产并购企业，造成巨额负债和亏损。

◎ 新型计算是边缘计算，在终端应用边缘计算，围绕场景将采集的数据在终端进行简单计算，既快速反应又节省资源。在云端应用云平台算力，着重解决大数据共享，并提供复杂计算。边云结合是大势所趋。

第62讲　虚拟经营

商道案例

美特斯邦威公司是生产休闲服装的公司。该公司创新"虚拟经营"模式，聚焦于高附加值的核心业务，主要是掌握品牌与设计，成为典型的头部企业。公司将生产、销售等非核心业务实施外包，成为对协作群体起组织作用的管理型企业。"虚拟经营"的核心在于两大支柱：一是人才，具有高度谋划和组织能力的高手；二是信息，建立高效畅通的信息系统。在"虚拟经营"模式下，公司走出一条独特的发展之路。

点评

"虚拟经营"是新的发展模式。在数字化时代，要以数据驱动业务，打造赋能型的智能平台。

管理论语

◎ 当今颇具发展前景的主要为两类企业：第一类是科创企业，科创企业超越差价红利，以科技为本不断创造新价值；第二类是文创企业，文创企业依靠文化创意的新业态，持续创造高价值。科创与文创将成为更好的结合体。

◎ 规模代表总量，结构决定性质。单一构造重规模，导致同质竞争；多元生态重结构，推动事物进化。多元生态构建网络环境，在生态协同中形成功能、性能、效能和安全。多维网络互治共管，相互融合成为生态进化共同体。

◎ 智能物流云平台重点解决两个1%：第一个1%是设计，应用大量数据与人工智能设计最优的智能物流解决方案；第二个1%是落地，整合各类第三方物流。

◎ 互联网从"联"到"链"是一项重大突破。互联网的1.0是"联"，为信息互联网，网络使数据起连接作用和传输作用；互联网2.0是"云"，为业务互联网，"云"架构使数据起服务业务和赋能业务的作用；互联网3.0是"链"，为价值互联网，区块链使数据确权，实现数据价值的流通、交易和增值作用。

第63讲 盲目多元化

商道案例

20世纪90年代某家用电器生产企业在同行业中处领先地位，积累了大量财富。在进一步发展中，企业开拓多元化经营，先是进入电池行业，又进入集成电路行业，后又进入汽车行业等。多年后的结果是一些投资以失败告终，一些项目长期亏损难以为继。至此，该企业回归家用电器主业，成为普通型产品生产商，依托原有的品牌影响，稳定了企业的生产经营。

点评

多元化经营有两种类型：一种是良性多元化，依托原有的市场和技术，进入相关领域发展；一种是恶性多元化，盲目进入完全不同的领域，多元化变成了边缘化。

管理论语

◎ 犹太人对知识的渴求十分迫切。为了鼓励小孩从小热爱学习，犹太人在字母卡上和儿童书上涂上蜜糖，吸引小孩读书学习，因为知识是甜蜜的。犹太人一生求知，实行知识与财富的紧密融合。

◎ 事物的发展由三个阶段组成：一是"始"，一开始就要确定原则，坚持初心不变；二是"终"，以终为始制定目标，坚定发展目标；三是"路"，路径是可变的，在发展过程中不确定性较多，唯以变应变方能达成目标。

◎ 对于创新者来说，最宝贵的是好奇心。好奇心是最原始的人性动力，不需要外在的利益刺激，具有无限的创造力。

◎ 数字化中的四大新科技是一体化的集成技术。大数据是原料，云平台是设备，物联网是运输，人工智能是产品。对于每个具体场景来说，都是一体化综合应用的，即在云计算平台上通过物联网将大数据用于人工智能。

第64讲 值钱企业

商道案例

赚钱企业与值钱企业是两种类型的企业，值钱企业的价值远远高于赚钱企业。亚马逊公司值钱的主要标志在"三个大量"：一是大量客户群体，公司始终把客户放在第一位；二是大量现金流，公司以现金为王；三是大量数据源，数据是最大的战略资源。

点评

赚钱企业着眼于短期利益，值钱企业着眼于长期利益。客户群、现金流、数据源都是值钱企业的价值所在。

管理论语

◎ 新生代群体的消费呈现三大新趋势：一是从物质消费到情感满足，非物质的精神需求成为消费的新亮点；二是从功能产品到智能升级，产品智能化成为时代的新特征；三是从物理高价到心理溢价，心理价位的满足成为新要求。

◎ 企业与客户的关系呈现三种形态：传统企业是企业驱动客户，将产品推向客户；优秀企业是客户驱动企业，将需求推向企业；卓越企业是企业与客户互动，引领客户成就客户；最好境界是与客户建立企业命运共同体，这就是未来的发展方向。

◎ 对"自然"的理解，"自"即自己，"然"即过程。简而言之，自然是自己推进的过程。自然推进的形式是螺旋式的，既循环发展又不回到原点，成为新发展的起点。

◎ 物理世界的人、物、事与数字世界的数字是随身相应的，每项业务都与数字组成孪生体。业务是载体，数字才是主体。在简单业务中，业务可以解决自身的问题，但在复杂的业务中，特别是不确定性大、变化多的业务，应通过业务上的数字来解决问题，这就是数字化的本质，即数字之道。

第65讲　共享平台

商道案例

德国西门子公司是全球著名的国际化公司,在全世界拥有数以百计的子公司和分支机构,管理如此巨大的跨国公司,西门子最早建立了"全球共享平台",这是重大的管理创新。"全球共享平台"从IT技术服务开始,在企业内部将所有IT技术服务集中到一个平台上。取得成功经验后,逐步向财务、人才、培训、采购等"全球共享平台"推广,实现了提高效率、减少成本、强化监管的显著成效。

点评

大型企业集团管理众多企业和机构,应建立"集团共享平台",这是集团发展和监控的必由之路。

管理论语

◎ 天气与气候是两个不同的概念。天气是短期的,忽冷忽热的变化完全正常;气候是长期的,为长时间发展的趋势。由于温室效应的不断增加,地球上气候变暖是长期的趋势,这与天气的短期变化无关,必须高度重视气候变暖。

◎ 一般来说,机会的表现形式是不确定的。当大家都对它不看好和不确定的时候,机会就悄然来到。所以要抓住机会应当是:别人不知道时你知道了,别人不明白时你明白了,别人犹豫或不做时你果断做了,关键在于你的认知水平。

◎ 对于任何人来说,认知是第一位的,成长是认知的升级。对于任何企业来说,认知是最大的成本,必须强化对认知的管理,在企业内部打通认知通道,构建认知体系。企业家的认知水平决定整个企业的发展水平。

◎ 硅谷的成功秘诀是什么?多数人认为是众多的高科技企业。其实,硅谷成功秘诀是构建一个为高科技企业服务的完整体系。大量的企业为科技创新提供各种要素,以及产前、产中、产后的专业服务,形成一个商业化的生态系统。任何一个好的创意和产品,都能得到系统化的服务,这才是硅谷的独特优势。

第66讲 精准信贷

商道案例

腾讯创办的"微众银行"专门为小微企业提供贷款。在企业要求贷款时，"微众银行"一不看企业"三张报表"，二不要企业资产抵押，三不要资金担保，主要依据企业的数据。微众银行通过用户画像能决定其信用，这就是精准信贷。

点评

传统银行靠抵押、担保放贷不一定可靠，而数据能够真实反映企业的信用，通过大数据画像确定精准信贷。

管理论语

◎ 一个成熟的市场有两种基本组成：一是顶天立地，由顶天立地的品牌企业为龙头，带动市场的稳定发展；二是铺天盖地，以铺天盖地的中小企业为配套，支撑市场的整体发展。顶天立地和铺天盖地相辅相成，形成富有生命力的生态系统。

◎ 高科技不见赚钱是个定位问题。有些企业虽属于高端产业但处于低端环节，主要从事加工组装产品，资源消耗大、投入产出小、产品附加值低。与此相反，有些企业虽属于传统产业但处于产业高端，产品科技含量高，可创造较高附加价值。

◎ 决策是相信逻辑还是相信数据。传统决策主要靠经验和直觉，人的主观因素在小范围内起一定作用，到大范围就失效了。科学决策主要靠数据，因为数据是客观的。人们通过数据与逻辑相结合来进行决策。

◎ 人的左右脑功能相异。左脑是"树木"，弄清楚构成整体的每一个组成部分，是对局部的认知；右脑是"森林"，弄清楚各个组成部分之间的相互联系，是对整体的认知。对于复杂事物来说，弄清楚相互联系的结构更为重要，更需要关注整体的定义，为此开发右脑功能尤为重要。

第67讲　机器人评估

商道案例

南京某汽车二手车经营公司在为客户服务中，主要的"痛点"是价格公平，卖方怕低价，买方怕高价，而评估师由于水平不一，评估价格差异较大。为此公司决定由机器人来评估，首先请十几位二手车评估师进行评估，待数据大量积累后，将机器人进行反复训练，使机器人的评估水平达到评估师的水平，客户使用时由机器人自动生成价格。随着使用次数的不断增加，机器人评估师评估水平越来越高，甚至超过人的评估水平。

点评

机器人的学习能力很强，在学习名师经验和通过大量数据训练后，机器人将越用越智能，评估水平越来越高。

管理论语

◎ 现代化的基础是产业现代化，重心在于建立现代产业体系。但产业现代化不是现代化的全部，而是构成现代化的物质基础。现代化的核心是人的现代化，关键在于提高人的素质和文明水平，这需要长时期的改造和提升。

◎ 产业发展越来越呈现两大趋势：第一是"裂变"，产业向细分市场发展，在产业链上不断创造细分市场中的核心价值；第二是"聚变"，产业向优势企业集中，资源和资本不断向具有品牌优势的企业集合，产业聚合已势在必行。

◎ 成长大于成功，不是所有的人都能成功，大成功是小概率。比成功更为重要的是成长，通过努力最后是否成功并不重要，关键是在这个过程中使自己不断成长。要珍惜自己的成长过程，以平常心一步一步成长，也许成功会不期而至。

◎ 新一代制造业有四大特点：一是智能制造，由软件主导的产品制造；二是互联制造，互联网重构制造业；三是定制制造，C2B成为未来的主流模式；四是绿色制造，全过程的绿色化制造。

第68讲 朝三暮四

商道案例

曾经有个猎人捕捉到一只猴子，要求猴子为他干活，条件是每天给猴子吃 7 个桃子。起初，猎人给猴子早上吃 3 个桃子，晚上吃 4 个桃子，猴子懒洋洋地干活。于是猎人改变方式，给猴子早上吃 4 个桃子，晚上吃 3 个桃子，猴子就干劲很足，干活的成效提高了。这个故事就是朝三暮四的典源，同样数量的桃子，改变了分配方式，就产生不同的效果。

点评

赚钱时首先要研究分钱，先分后取是分钱的秘诀，分钱方式决定赚钱的能力，分钱是大学问。

管理论语

◎ 数学机械化是大趋势，初等数学中应用四则运算解题难度较大，以后用方程式和公式解题就比较容易；同样高等数学中的微积分，应用数学分析的方法解题就更容易；现在人工智能中，应用算法用软件就能自动生成，充分体现了数学机械化的巨大威力。

◎ "创客"时代已经到来，"人人创客"将成为潮流。企业要打造"大平台小团队"的经营格局，将经营单元划小，使每个经营单元都变成一个小微公司，使员工成为自己的 CEO，企业要为员工构建自己创业的大平台。

◎ 大互联网时代，企业的商务要有新的模式，概括起来是"四无四不"：一是无数据不商务；二是无互联不商务；三是无社交不商务；四是无移动不商务。商业模式的创新要求企业重新学习，主动变革传统方式。

◎ 企业中资源、技术和市场三者关系已发生根本性变化。传统企业是资源决定市场，先有资源，再有技术，最后找市场；现代新兴企业是市场决定资源，先有市场，然后研究技术，再由技术寻求资源，资源不一定都是自有的，完全可以通过合作来解决，这是以客户为中心的生产经营方式。

第69讲　无工不穷

商道案例

20世纪90年代初，苏南派领导到苏北，听到"无工不穷"这句话感到不理解，经过调查发现一些工业投资项目发生亏损，导致企业破产，形成"无工不穷"的局面。通过进一步调查，主要原因是缺乏工业管理领导人才，为此选择企业领导分批到苏南学习，苏南乡镇企业的经验对苏北很有借鉴意义，通过培训学习培养工业领导人才，从根本上改变"无工不穷"的局面。

点评

苏南是"无工不富"，苏北是"无工不穷"，其中人才是核心，特别是工业领导人才。

管理论语

◎ 用户已成为企业实现盈利的基础，用户社群化趋势越来越明显。现在有一种经营模式为"产品型社群"，以产品为载体组织社群，主要经营产品社群，实现生产和经营一体化。

◎ 免费是一种全新的商业模式，但免费不是无价值的，这体现在两方面：第一，扩大用户规模，通过免费形成用户群体，对增值服务和第三方将创造好的价值；第二，积累大数据，通过免费可获得大量用户数据，具有很好的开发价值。

◎ 设计思维是新的发展趋势，设计思维以人为本，以客户为中心。围绕客户进行两方面设计：一是个性化设计，对客户的现实需求设计定制化产品和服务；二是挖掘性设计，对客户的潜在需求设计导向性产品和服务，挖掘全新的市场。设计思维的关键是全力掌握客户的需求数据。

◎ 空间大迁徙是人类文明的开端。7万年前，智人开始地理空间大迁徙，从非洲走向欧洲、亚洲、澳洲和美洲，大大开拓了发展空间。现代人要进行第二次空间大迁徙，主要是信息空间的迁徙：一是从互联网的线下迁徙到线上；二是从物理空间迁徙到数字空间，从"上网"到"上云"再到"上链"，从更高的维度开拓发展空间。

第 70 讲　两次合作

商道案例

苏南有个县级市，20 世纪 90 年代大搞汽车工业，先后建立 7 个汽车企业，都是组装面包客车，规模小没有效益。有领导建议将 7 个汽车厂联合成一个汽车公司，通过市内合作解决规模发展，取得较好成效。不久该领导又建议，与国外品牌汽车合资发展，引进丰田汽车前来商谈，由于利益分配问题合资未能成功。几年后该汽车公司因技术落后，在市场竞争中被淘汰出局。

点评

第一次合作是内部合作，解决汽车规模发展；第二次合作是外部合作，解决汽车技术发展。第二次合作是汽车竞争力的关键。

管理论语

◎ 工业时代与数字时代的发展动能不同：工业时代的发展动能是能量，通过能量转换来解决业务问题；数字时代的发展动能是信息，通过信息转换来解决业务问题。信息转换的本质是数字转换，只有数字化的信息，才能进行加工、整合、建模等。由数字产生智能，从更高层次解决业务问题。

◎ A 与 B 结合成 AB，AB 是新物种，既不是 A 又不是 B，具有 A 与 B 的合成新优势。传统门店与电商网点的结合成为 O2O。O2O 既不是线上又不是线下，而是两者的融合体。所以，新零售既不是传统零售又不是纯电商，是数字化的全新零售形态。

◎ 优秀的科创企业是只创不造。主体企业主要是研发设计，生产与经营由下游企业外包，同时主体企业对外包企业进行赋能服务。例如，药明康德是优秀的医药明星，自己只做小分子药的研发设计，专为下游药企提供整体解决方案。

◎ 汽车行业的发展方向是"新四化"，即 CASE 革命：C 为互联汽车，A 为自动驾驶，S 为共享化，E 为电动车。"新四化"的核心是全面数字化，四个方面都与数字化有关。其底层结构都是由数字驱动业务，这是汽车厂商的自我革命。

第71讲 软件需服务

商道案例

苏州有个软件园，发展态势良好。该软件园有500多家企业，其中软件企业300多家，同时又有200多家服务企业。该软件园在实践中发现大量软件企业都是专业人员，自我服务能力不足，需要社会化服务配套。为此，软件园引进许多生产服务和生活服务企业，如人才服务、市场服务、采购服务、检测服务、培训服务、资金服务、会议服务等企业，使软件企业能专心于自身业务的发展，实现了双赢。

点评

软件本身是服务业，仍需要服务配套。业务与服务是两个概念：软件企业专注于业务，服务企业提供服务保障。

管理论语

◎ 传统企业的盈利主要是赚取差价，包括原料差价、劳动力差价、土地差价等。新型企业的盈利方式主要是创造新价值，新价值是科技创新，将功能产品提升为智能产品；新价值是文化创新，将物理产品转化为情感产品；新价值是服务创新，在体验服务上不断满足客户需求。

◎ 人类向数字化发展有两大路线：第一是"赛博人"，即将数字技术用于人类的身体，人可以用数字化器官，包括人脑与芯片相互连接；第二是"数字人"，即将人的思想行为数字化，构建人的"数字灵魂"，实现人生的数字化永生。

◎ 企业平台化有四种商业模式：一是企业内部平台，"平台＋小微"模式；二是企业外部平台，供应链协作平台模式；三是行业平台，主体企业组织行业平台模式；四是生态平台，跨界发展组织产业生态模式。平台化发展形式多样，大有可为。

◎ 监管和内控必须创新，主要从两大方向创新：一是监管赋能，监管不是为管而管，而是对业务进行赋能服务，解决业务的"痛点"。二是监管科技，监管要应用新技术，特别是数字新技术，由数据来驱动监管驱动内控。

第 72 讲　贵在尝试

商道案例

杨英豪是一名中学生，在《最强大脑》竞赛中获胜，其中的奥妙是贵在尝试。儿童时代的小杨曾经听过"小马过河"的故事，面对大河的小马没有听信老马的劝说，通过亲自尝试步步为营渡过了大河，小杨对此印象很深。参加《最强大脑》竞赛的大多是著名大学高才生，小杨决定参与尝试。在竞赛中小杨不与强手正面挑战，而是应用逆向思维进行巧取，终于在国内和国际大赛中获得成功。

点评

人类是在不断尝试中逐步进化的，人的潜在能力是无限的，敢于尝试就能最大限度地开发潜能，做好真正的自己。

管理论语

◎ 一个生态系统的形成必然要伴随一段混乱的过程，对混乱要有一定的容忍度。混乱会带来新机会，混乱是旧平衡系统的打破到新平衡系统形成的必经过程。这个过程要消耗能量付出代价，才能构筑新的生态系统。

◎ 新技术发展一般要经历三大时期：第一是最大峰值期，新技术开始时各方面期望都很高，出现一哄而上的投资高潮；第二是泡沫期，新技术成长有个试错迭代过程，达不到预期形成泡沫；第三是稳定发展期，优胜劣汰后优秀企业迅速成长。

◎ 价值创造由三者构成：一是价值提供者，主要是企业与个体在生产经营中提供价值；二是价值整合者，主要由平台组织各方资源和能力整合价值；三是价值放大者，主要由金融资本将既有价值进行放大，以利创造新的价值。

◎ 就业的发展将发生深刻的变化，从"铁饭碗"到"泥饭碗"再到"云饭碗"。"铁饭碗"是国有经济，员工进入企业，从生到死全部由企业包干。"泥饭碗"是民营经济，员工依靠自己的贡献取得报酬。"云饭碗"是互联网经济，"平台+个人"在"云上"和"链上"生存和发展。

第73讲　时代性差距

商道案例

长江两岸有两个县级市，20世纪70年代两个市都处于农业时代，国内生产总值（GDP）和财政收入处在同一水平线上。20世纪80年代改革开放后，长江南岸城市率先发展乡镇企业，实现农村工业化，开始进入工业时代。长江北岸城市仍然停留在以农业为主的经济格局，到20世纪90年代两市的经济发展拉开了差距，南岸城市经济总量是北岸城市的数倍。后来，北岸城市虽加快发展工业，但两岸城市的历史差距已无法改变。

点评

时代的差距是历史性差距，从农业时代到工业时代十分明显，现在正由工业时代走向数字时代，时代的差距将更加巨大。

管理论语

◎ 创新要素总体上包含三大组成：一是技术，要有技术、专利等基本要素；二是人才，创新的核心是人才的创造力；三是制度，制度尤为关键，人才与技术都随制度转移。创新制度主要包括鼓励、包容、保护等机制。

◎ 任何进化都是自然生长的结果。进化没有蓝图只有草图，草图即试错，在与环境互动中不断试错迭代，最后形成神奇的美图。机器学习就是如此，小步试错，快速迭代，自主优化，逐步进化，这是宇宙发展的基本规律。

◎ 专业化与多元化是协同的，专业是根基，多元是生态。首先，要专注于专业，将主业做强做大，不能搞离开主业的恶性多元化；然后，在主业基础上扩展延伸，逐步形成围绕主业的生态系统。通过产业生态协同发展，创造更多的价值，这是建立在专业化基础上的多元化，实施良性多元化。

◎ "科研揭榜制"是新的创举，广东首先试行科研课题揭榜招标，主要有两种方式：一是科技项目公关揭榜，二是科技成果转化揭榜。揭榜由组织者提出科研课题，在网络上发标，邀请社会各界主要是高校研究院所与企业进行对接，通过评估由优胜者应标，应用市场机制实现优化配置。

第74讲 危机处理

商道案例

美国某公司是生产药品的著名企业,曾经有病人服用其药品发生死亡事故。公司派专家到现场分析后,认为药品中个别成分过量,同时病人也存在用药不当的情况。公司当即对病人进行加倍赔偿,同时迅速将此药品全部召回,进而改进配方,使危机得以解决。与此同时,某制药公司也发生病患服药后死亡事故,但该公司将责任全部推向病人,不从自身找原因,以致重复发生服药死亡事故,不久该制药公司破产倒闭。

点评

企业发生危机事件不可避免,关键在于危机处理的态度。从客户出发严于律己,有助于化危机为转机,从而树立良好的社会形象。

管理论语

◎ 世界上增长最快的不是物质而是信息,信息爆炸的速度超过原子弹爆炸的速度。与物质相比较,信息资源是无限的,是低成本的,而且信息资源越用越多,越用越有价值。人类进入信息社会,通过开发信息资源提升物质资源的开发水平,前景将无限宽广。

◎ 原始数据经过过滤和筛选就成为信息。相关信息通过整合成为知识,知识凭借领悟其本质,并举一反三即成为智慧。数据、信息、知识、智慧四者之间的互相关系是步步深入不断提升的。

◎ 人的社会化已经从正规组织走向社群组织,这是互联网发展的必然之果。这种社群组织有两大特征:一是以个人为本,社群建立在个人兴趣爱好的基础之上;二是自由连接,个人对社群是自由选择和自由参与的。

◎ 企业数字化是全方位提高效率,传统企业由于信息孤岛造成"四不",即不连接、不匹配、不协同、不及时,"四不"产生大量浪费及摩擦。企业数字化就是要通过网络协同和数字智能彻底解决"四不",实现"精准、高效、协同、预判"的"四优",全面提高效率创造新价值。

第75讲 精益经营

商道案例

广东格兰仕集团是生产家用电器的品牌企业，集团推广日本丰田公司的精益生产模式，实施"5S"管理法则，努力减少各种浪费。在此基础上，格兰仕集团创新精益经营模式，其出发点不是企业而是客户，按照准时制方式来组织生产经营，借助满足客户个性化需求的灵活的市场应变能力，形成了一套独具特色的经营管理体系，从而在激烈的市场竞争中获得很大优势。

点评

从精益生产到精益经营是一个重要的发展过程。精益经营的核心是"拉"式经营模式，一切以客户需求为导向。

管理论语

◎ 最近20年，美国的优秀企业硬实力与软实力的关系发生了根本性的变化，硬实力与软实力由原来的62∶38，发展到现在的16∶84，这是何等深刻的变革。企业发展的总体要求就是由硬变软，软硬结合，以软为主。

◎ 实体虚拟化作用巨大：第一是整合，实体之间的整合成本大，将实体转化为数据，整合数据成本就大大减小，然后还为实体创造新的价值；第二是模拟，许多设计方案不确定因素多，无法一次确定，可以通过数据模型模拟解决。

◎ 当今社群大于公司，公司向社群化组织发展是大势所趋，公司外部是用户社群化，通过社群来组织用户经营用户；公司内部是员工社群化，通过社群来搞活员工，成长员工。公司要向生态系统发展也要走社群化道路。

◎ 未来最大的垄断不是资源垄断，不是技术垄断，也不是市场垄断，而是信息垄断。谁能以更快的速度获得更准确的信息，谁就具有更强大的市场竞争力；谁以更好的方式获得更全面的数据，谁就更具有创造价值的持续能力。

第76讲 适用技术

商道案例

某市科技园招商引资，把园内外科技项目分成三大类：第一类为 A 型项目，科技含量最高，需要资金配套最大；第二类为 B 型项目，科技含量较高，需要资金配套较多；第三类为 C 型项目，科技含量普通，需要资金配套最少。三年后，对所有科技项目进行考核，结果出乎意料：业绩最好的是 C 型项目，B 型次之，A 型更次。这说明科技含量高低的关键在于适用，C 是适用的，也是最好的。

点评

项目科技含量的高低不是好坏的标准，最终要看市场是否接受。市场需要适用的先进技术。

管理论语

◎ 美国有关专家对市值十亿美元的公司与百亿美元的公司经过系统研究，其主要区别有三点：一是大格局，百亿美元公司的信条是"改变世界"；二是企业家精神，百亿美元公司的创新来源于企业家精神；三是偏执狂，百亿美元公司的创业者大都是偏执狂。

◎ 工匠精神值得提倡，新时代需要新工匠。新工匠有两大特点：一是传承老工匠的品格，对产品精益求精，任何时候都需要保持一丝不苟的精神；二是持续科技创新，其中最重要的是应用数字技术，实现科学的精准，新工匠具有时代性。

◎ 知识型服务公司越来越多。这类企业的主要商业模式为：数据＋技术业务方案＋系统服务，提供各项业务的整体解决方案。首先，掌握大量基础数据及模型。然后，从需求出发，提供个性化的技术业务方案。最后，公司负责运营管理，重在搞好系统服务。

◎ 生态布局为基于价值创造的战略思想，也是一种深入骨髓的战略创新。商业生态布局大体有四种形态：主要包括理论驱动型生态、品牌协同型生态、价值整合型生态和社群化生态。生态布局已经成为新型大型组织进化的必由之路。

第77讲　意义革命

商道案例

前领英公司副总裁弗雷德·考夫曼著《意义革命》一书，其中心思想是人们追求人生的意义、事物的意义。这是一个人人都在寻求意义的年代。深圳某高级教师从教31年要求离职，在辞职信中写道：为了教育事业奉献了31个春秋，据说还有7年才能光荣退休。我想将这7年赏赐给自己，按照自己的想法活一次。这位高级教师就是在追求为自己生活的意义。

点评

明确意义就有新的境界，明确意义就有新的动力。追求有意义的生活是真正的人生，"意义革命"意义重大。

管理论语

◎ 企业信息化的终极形态是云公司。企业要"云化"，在云平台上，实现三化一中心：一是数据化，将企业的一切转化为数据；二是互联化，企业内外互联互通，成为互联公司；三是软件化，应用智能软件模块化运营；四是以用户为中心，围绕用户交互经营企业。

◎ 业务与服务是两个不同理念。业务是实际事务，已成为一种基础，而服务是围绕业务展开的，为业务工作提供全方位、全过程的服务，通过服务提高业务水平，创造新的附加价值。服务源于业务但超越业务，成为创造价值的新源泉。

◎ 创业重视发挥个体的作用，特别是创业者本人的作用十分关键。守业需要发挥体系的作用，成熟企业是一个完整的体系，包括团队、机构、规章、文化等依托一个体系来运作。从创业者到企业家必须实现从依靠个人作用到发挥体系作用的转变。

◎ 用手、用脑和用心是三种不同的境界。用手做产品，好像做了产品的身体；用脑做产品，好像产品有了智慧；用心做产品，好像产品有了灵魂。真正的好产品是有灵气的，这种灵气是人全身心投入的产物。用心就是塑造事物的灵魂。

第 78 讲　知识复制

商道案例

一个外卖小哥雷海，在 2019 年的《中国诗词大会》上比赛诗词，竟击败了北京大学硕士研究生，成为年度冠军。记者问雷海学习诗词的经历，雷海回答："不管工作和生活多么忙碌，时间挤一挤总是有的。送外卖有很多碎片化的时间，这些时间用来背诗词是比较合适的。"雷海坚持学习背诵诗词，日积月累，最终获得《中国诗词大会》的年度冠军。

点评

知识复制是将新知识成为素材积累，从而让知识不断以"复制"速度快速迭代。知识复制效果十分可观。

管理论语

◎ 对于创业者来说，资源是基础，能力是核心，市场是关键，要正确处理好三者的关系。占有资源是必要条件，开拓市场是充分条件，经营能力才是最根本的条件，三者集成一体，创业方能成功。

◎ 分享是一种美德，知识要分享，信息要分享，利益更要分享。企业的分配制度要从工资制转向分享制，企业的财富是由员工共同创造的，投资者在取得合理的资本回款后，创造的财富应该由员工分享，这是全新的分配方式。

◎ 投资主要是投资人，只要选准优秀的创业者，不管其搞什么项目应该是可以投资的。对于曾经失败过的创业者应该珍惜，硅谷投资者专门对曾经破产的优秀创业者进行投资，因为曾经破产过，其破产的成本已经支付，因此投资价值就更大。

◎ 创业自有客观规律，一种是"开始快，后面慢"的先发效应，这类创业者追求短期效益，做短平快项目，往往是来得快去得也快，是短寿命的。一种是"开始慢，后面快"的后发效应，这类创业者着眼长期效益，先将项目基础打扎实生成效益机制，看似慢其实快，一旦项目生根很快能茁壮成长。

第 79 讲　客户创新

商道案例

最好的创新是客户创新，由客户提出问题参与创新，更能满足客户需求。海尔集团专门建立一个客户意见网站，通过在这个平台上听取客户的抱怨、批评和建议并进行企业调整，最终取得了意想不到的效果。例如，有客户提出洗衣机的外桶生锈要能清洗，海尔邀请中科院的专家应用纳米球打击外桶，解决了客户的"痛点"，这就是最好的创新。

点评

客户是使用者，最了解产品需要改进的问题，这是高效创新的真正来源。从这个意义上讲，客户创新是最好的创新。

管理论语

◎ 科技成果转化速度慢，究其原因，服务是软肋。开展技术应用服务是解决之道，技术的出路在于应用，而应用的关键需要服务。大力发展技术应用服务，为科技成果转化和新技术推广提供整体解决方案，这是服务创造价值的有效路径。

◎ 工具在人类进化过程中起关键性作用，工具变革是不断进步的。铁器支撑了农业时代的主要生产力，蒸汽机和电力成为工业时代的主要生产力。现在是数字时代，计算机、互联网特别是人工智能等数字技术，正在主导新的生产力，不断替代人的体力和脑力，协助人类从事创造性劳动。

◎ 松下幸之助曾说过：100 人的企业，领导者要走在前头；1000 人的企业，领导者要走在中间；10000 人的企业，领导者要走在后头；100000 人的企业，领导者要走在最后，只要表示感谢即可。这即是无为而治的最好总结。

◎ 企业发展是不断增加维度的：企业 1.0 是一维的线性发展，主要是企业与客户的单向线性关系；企业 2.0 是二维的平台发展，企业与供应链的关系要从线性走向平台，更好地为供应链提供服务；企业 3.0 是三维的生态发展，企业应与相关方面乃至跨界组成生态系统，实现共生、共创、共享的价值体系。

第80讲　体制外创新

商道案例

有位传统企业的老总经常参加北京、上海的高级总裁班学习，每次学习后都很激动，要将学习的新知识组织创新。到企业后，从领导到中层却不支持，后来有人提出先搞个特区试行，从企业内外引进创客，按新办法组织实施，半年后取得了成功。成功的示范效应带动了原来的领导和员工，逐步在企业全面推开，使传统企业实现了创新转型。

点评

传统企业创新可以从体制外先行，取得效果后再全面实施。这正如改革初期，从体制外的乡镇企业开始改革，再带动体制内的国有企业推进改革。

管理论语

◎ "数字孪生体"正在快速发展，大到一个地区，小到一个建设项目都是先建数字虚体，在全面优化后再建项目实体，这样可大大节约成本和缩短建设周期。雄安新区和大兴机场都是先建数字孪生模型，然后按模型建设项目实体。

◎ 智能制造大有发展。传统产业中，设备利用率平均为40%，能源利用率平均为36%，资源利用率不足50%，人员利用率不足60%，时间利用率更差，这些都是潜在的价值。智能制造通过数据与算法大大发掘潜在价值，创造价值应提高3～5倍。

◎ 不确定时代既是挑战，更是机会，因为不确定中有结构性的机会出现。结构性变化的巨大推动力来自科技，以往科技带动经济增量的发展，现在科技正在经济存量中发挥重要作用。数字新技术正在融入存量经济，为传统实体经济赋能，使存量经济带来前所未有的新价值。

◎ 数字时代需要数字化人才，数字化人才主要有四大类：一是数字化领导，领导的关键是提高"数商"；二是数字化专业人员，专业人员都要学习数字技术，成为数字专业人员的复合型人才；三是数字化员工，员工也要学习大数据与机器协作，成为数字化员工；四是数字治理人才，由数字专业人才负责机构的数字治理，主要是首席数字官和数字总监。

第81讲　诚信是金

商道案例

北京前门大栅栏瑞蚨祥绸布店是百年老店,在国内同行中享有盛誉。有一年邻居店铺发生火灾,殃及该店,所有账本被烧毁。该店老总没有怪罪邻居店铺,第二天请相关客户前来商洽,宣布两条决定:凡是客户欠本店的,不管有无欠条一律作废;凡是本店欠客户的,不管有无欠条一律偿还。所有客户都十分感谢,一年后瑞蚨祥的生意做得更为兴旺。

点评

对于商家来说,诚信是金。实体破产可以重新再来,信誉破产就无法再来。诚信已成为社会立足之本。

管理论语

◎ 在产业互联网中,数据的功能集中在三大方面:一是数据共享,通过互联互通实施数据共享;二是数据协同,在网络中实现数据协同;三是数据智能,数据与算法结合产生智能,数据的三大功能就是数字红利。

◎ 在数字经济时代,企业增长水平有三大类型:一是优秀企业,企业增长水平达到一国 GDP 增长速度的 4 倍;二是先进企业,企业增长水平达到一国 GDP 增长速度的 2 倍;三是边缘化企业,企业增长速度在一国 GDP 增长速度以下。

◎ 智能化的本质是对环境变化的动态适应和优化,自动化仅解决固定化程序的自动功能,不能对环境变化做出反应。人工智能通过数据学习和算法优化,对环境变化不断跟踪应变实现实时智能,并能进行预判。

◎ 一项新技术新产品,当应用程度达到 30% 时将进入拐点,应用会产生爆发性增长。对于投资者来说,应在 30% 之前投资,待达到 30% 后即可取得回报。对于应用者来说,应在 30% 之后应用,届时技术更成熟,成本也更低。

第82讲 价值观的力量

商道案例

历史上，为了应对饥荒，普鲁士国王希望农民种植产量更高的土豆，颁布法令推广，但效果并不好。后来，国王想了个办法，宣布土豆是宫廷御用菜，只有贵族才能种土豆。贵族们为此种了土豆，农民纷纷跟风，家家户户都种土豆。于是在普鲁士顺利推广了土豆种植，相应解决了饥荒，到现在已形成了习惯。

点评

价值观比法律更具有动员力，强迫不如疏导，压制不如引领。价值观的引领作用是决定性的。

管理论语

◎ 企业在行业中可分为三大类：一是头部公司，主要做高端服务，如数据服务、资源服务、金融服务等；二是腰部公司，既做服务又做业务，两者比重以业务为主；三是腿部公司，纯业务公司。头部公司是轻资产高价值公司。

◎ 工业互联网有两种方式：第一种方式是大企业独立建设工业互联网，将企业内外部的部门、设备、产品等互联互通，应用数据实施共享；第二种方式是中心企业由行业平台共建工业互联网，将中心企业互联互通，实现资源能力的数据共享。

◎ 现在有两类思维：一类是习惯于确定性，追求稳定感；另一类是容忍不确定性，拥抱变化。随着新科技革命的加速发展，不确定性已成为常态。从确定性到不确定性的转变，关键是学会"灰度思维"，改变非黑即白的二元思维，接受可能性的概率思维，通过努力提高概率优势，从而化不确定性为确定性。

◎ 企业的数据中心应以客户数据为主导。首先，获取客户数据，特别是动态性的客户需求数据和使用数据尤为重要。其次，要将企业中的业务数据与客户数据相连接，保证相互协同。企业所有数据都要以客户数据为主导，用客户数据驱动业务数据，从根本上体现以客户为中心的经营体制。

第83讲 共享医疗

商道案例

某投资公司投资国内二十多家医院，建立了医院集团。开始，各家医院独立发展，水平参差不齐。为了实现整体发展，集团建立了一个资源共享的云平台。通过云平台，各家医院实现四大共享：一是名医共享；二是重要医疗设备共享；三是药品和用品的供应链共享；四是公共管理共享。共享产生了显著的效益，许多不是其投资的医院也要求参与，进一步发挥了规模效应。

点评

资源共享的规模效应和协同效应十分可观，开放共享资源，从单独发展到整体发展大有可为。

管理论语

◎ 价值呈现三种组合：一是近期价值与长期价值；二是显性价值与潜性价值；三是现实价值与虚拟价值。80%的人仅重视前者，20%的人重视后者，而将两者结合起来，成为价值的有效组织者。

◎ 新产业、新业态、新模式的发展初期，加强培训十分重要。培训是市场推广的突破口，通过全面培训，使市场认知度提高，成为获得客户的第一入口。同时，对于新生事物，可通过咨询学习使客户融入应用场景。

◎ 金融行业正在发生重大变革，从掌控资产为主转向掌握数据为主，数据已成为金融行业重要的数字资产。金融机构通过对服务对象的大数据，一方面进行精准画像来授信；一方面掌握资金流向防范风险。

◎ GDP的经济核算模式是工业时代的产物，已经落后于数字时代的要求，不适应新经济的模式。数字技术主要是数据与算法，除其本身的价值外，集中体现了对实体经济的赋能，使实体经济的价值倍增。在这一过程中，大量新价值没有体现在GDP中，应该对现有GDP的核算模式进行变革。

第84讲　整合生产力

商道案例

某市纺织工业集团下面有几十家分公司，在激烈的市场竞争中大多数公司亏损甚至面临破产。市政府要求市级投资平台将亏损企业一并划转管理。面对几十家困难企业继续单独经营需要将资产重组，进行一体整合。一方面调拨优质资产和人员组建新企业，重建品牌与信誉；另一方面将土地房产等有效资产变现，安置好职工。经过两年努力，资产整合产生明显效果，在弥补亏损和安置职工后，总体获利十多亿元。

点评

单个资产是亏损的，整体资产是获利的，关键在于资产整合，从这个意义上讲整合就是生产力。

管理沦语

◎ 从股改到链改，从上市到上链是未来企业商业模式的变革。上链使所有资产通过数字化变成数字资产，链改将数字资产证券化。更为重要的是链改让每个人都成为企业发展的参与者、贡献者和获利者。

◎ 尊重"时间之河"的发展规律，时间不是越快越好，在许多情况下，慢即是快，"速成"往往是短寿命的。真正有价值的东西在于生根，生根需要时间的积累。创业前三年主要是定位迭代，后三年生根发展，先慢后快是发展规律。

◎ 新的就业方式是"自由职业者"和"第二职业者"，主要模式是"平台+个人"，平台主要是云计算平台和区块链平台，即"云饭碗"和"链饭碗"，个体可以不受时间和空间的限制，通过自身的"劳动量"和贡献获得应有的回报。

◎ 数学是科学之母，数学不属于自然科学，而为所有科学的源头，简洁和明晰，特别是数字和数学公式，将复杂的问题表达得十分简单。例如，牛顿将物理规律表述为 $F=ma$；爱因斯坦将物质与能量的关系表述为 $E=mc^2$，充分体现了数学之美。

第 85 讲　两种试错

商道案例

丹阳有个化工企业生产新材料，其原料路线将石油改为煤炭，成本大大降低，提高了经济效益。企业考虑到煤炭产地发展，产量从 3 万吨扩大到 30 万吨，产量扩大十倍，所有设计工艺都要重新验证。起初采用实物试验，反复十多次都无法稳定生产。之后改为数据试错，通过设计修改模型，很快在迭代中优化了结果。实物试错周期长、成本高，数据试错周期短、成本低，体现了数字化的优越性。

点评

两种试错办法的对比，说明数据试错的效力。先做数据模型，迭代优化后再进行实体生产是条捷径。

管理论语

◎ 从上网到上云再到上链是互联网发展的必由之路，互联网 1.0 上网，为信息互联网；互联网 2.0 上云，为智能互联网；互联网 3.0 上链，为价值互联网。上链是上区块链，未来所有人、物、企业等大型协作网络都可以通过上链来发展。

◎ 区块链技术在发展生产力的同时，对生产关系也起到变革作用。从产权关系方面，区块链将数字资产确权，明晰其价值；从分配关系方面，区块链应用通过对数字资产的价值进行激励；从人与人关系方面，区块链实行智能合约民主管理。

◎ 诺基亚公司作为全球首家手机生产企业，在手机创新大潮中逐步落伍，其根本原因是思维的落后。长期以来，诺基亚固守"硬件思维"，忽视软件的开发和应用。硬件是基础，而软件起核心作用。

◎ 价值大于名利，名利是外在的、虚妄的东西。人生的真正意义在于价值。马斯洛的需求层次理论，将"自我实现"放在最高层次，"自我实现"的内涵就是"实现价值"。人的内在潜力是巨大的，将潜力挖掘出来，一方面为社会做出贡献，一方面实现自身的价值。内在价值就是人生的本质。

第86讲　经营业主

商道案例

万科集团从经营房地产走向经营业主，万科建造的居民社区一般有上千户业主，这是巨大的商机。为此万科将物业公司进行改造，改变其单纯从事环保绿化的主要职能，转向重点经营社区业主的需求。每个物业公司员工负责50户业主，经常主动上门了解业主需求，从住房装修、添置大件设备到老人小孩服务，多方面都满足业主需求，深受业主欢迎，现在万科经营业主的收益已经大大高于经营房产的收益。

点评

从经营产品到经营客户是传统模式的重大突破。客户身上有价值网，挖掘客户价值大有可为。

管理论语

◎ 人的潜力十分巨大，关键在于挖掘。潜在挖掘需要专注，当人的全部精力聚焦在一点，将其做到极致，就可能发生奇迹。天才与凡人的区别就在于此。

◎ 理性计算胜于感性判断。决策建立在感性判断基础上往往会导致失误，因为感性看到的是事物的表象，具有简单化甚至欺骗性。理性计算决策建立在科学的基础上，因为数据代表事物的本质，具有精确化和深刻性。最好的决策是两者的结合，在数据分析基础上进行直觉判断。

◎ 人类正在从现实世界向数字世界迁徙，实现两个世界的一体化。首先，要思维数字化，学习数字思维必须以数字为基础，提高数字素养，确立数字世界观。同时，要行动场景化，在具体行动中，数字必须与场景结合，在现实场景中将数字落地方能产生全新的价值。

◎ 人的积极心态主要包括三个方面：首先是积极思维，遇事多从积极方面思考，将消极转化为积极，树立信心；其次是走自己的路，不受他人的言论左右，坚持做好自己；最后是宽恕他人，对伤害过自己的人不计较，甚至以德报怨。

第87讲 数据价值

商道案例

欧盟在徐州有个援助项目，主要是环境治理污水项目，援助经费300万元。在签订援助项目协议时，欧方没有提任何条件，唯一的要求是每季度将有关数据报送对方。关于项目完成目标、进度、经费使用等都由徐州地方决定，两年后污水治理项目顺利完成，徐州方要求欧方来验收成果，欧方表示完成即可。欧方花300万元援助项目，其目的是获取项目数据，充分体现数据的重要价值。

点评

数据是战略资源，随着数字经济的不断发展，数据的价值将与日俱增。用援助获取数据，其价值相当。

管理论语

◎ 新时代提高企业家的领导力十分关键，新的领导力主要体现在三大方面：一是认知力，认知水平决定发展水平，提高认知力至关重要；二是赋能力，现代领导不是管理和控制，赋能才是核心；三是学习力，认知与赋能贵在学习，学习提高对变化的适应力。

◎ 代表目前最先进科技理念的机器人是"粒子机器人"。每个"粒子机器人"是单独的单元，不能独立移动，而众多"粒子机器人"组织成系统就是"类生命体"，形成可循环的生态系统。既具有自主意识和独有的创造力，又具有自我修复再生功能，"粒子机器人"将实现自我管理。

◎ 经济调节有三大手段：一是市场调节，这是"无形之手"，发挥市场在资源配置中的决定性作用；二是政府调节，这是"有形之手"，发挥有为政府的作用；三是社会调节，这是"协作之手"，发挥区块链技术等科技手段实现"协作之手"。

◎ 经济与科技的关系正在发生重大变化。在传统经济中，经济主导科技发展，经济始终处于主导地位；在新经济中，科技主导经济发展，科技已经处于主导地位。这是因为新科技革命迅猛异常，科技呈现加速度发展，远远走在经济与社会的前面，科技强有力地带动经济与社会向前发展。

第88讲　培训增值

商道案例

某机构主要从事企业管理培训，在长期培训过程中积累了大量企业用户，现在培训市场竞争激烈，需要转变培训经营方式。该机构选择汽车后市场，首先为汽车后市场企业提供免费培训，深受企业欢迎，现在全国已有万余家企业引进其培训平台。在取得企业信任后，该培训机构提出集体团购培训物品，做到物美价廉；同时在平台提供公共管理软件等服务，现在已成为汽车后市场的集成服务大平台。

点评

培训是用户资源的入口，以免费培训为纽带可以带动大量增值服务，这是商业模式的有效创新。

管理论语

◎ 人的心理和生理不可能分割，心理对生理起主导作用，生理与心理统一于能量，能量起到赋能作用。量子科技将能量渗透到细胞层面，应用量子的超高频率振动为细胞赋能，能够从根本上解决人的生理和心理疾病。

◎ 未来生产方式先有订单再有生产，即新模式C2F的"客厂"体制，要求直接感知消费者的需求，收集订单交给工厂去生产，然后通过物流系统送达消费者。新模式重构社会供求关系，在生产之前就知道消费者是谁，实现真正的按需生产。

◎ 数字化红利的实现来自两大机制：一是网络协同，二是机器智能。两大机制中起维系作用的是数据。其一，实现网络协同要靠数据，数据在网络中将各方互联互通，通过共享得以协同；其二，机器智能要靠数据，数据通过算法产生智能产品。

◎ 成语新解十分有趣，一是"眼高手低"，传统解是"只会唱高调，不会做事情"；新解是"既要有高度认知，又要有动手能力，两者有机结合是好事"。二是"得意忘形"，传统解是"人在得意时忘掉了自己的原则"；新解是"真正理解内在灵魂，就可以丢弃表面外形"。在新的时代，对成语可有全新理解。

第89讲 学习加速度

商道案例

国内某大学有个研究生班，毕业后大部分同学到海外深造，最优秀的同学留校当老师，三年后这位留校老师也出国深造。当到达美国大学时，与原来的同学交流，在专业上已经听不懂各位同学所说内容，感叹知识更新之快。又三年后，这位老师回到国内继续任教，与原来的同事交流，发现各位同事在专业上也听不懂他所说的内容，又一次感叹知识更新之快。

点评

当今科技呈加速度发展，要跟上知识更新的步伐，唯一的办法就是加速度学习，以及终生学习。

管理论语

◎ 生命3.0正在成为新物种。生命1.0是微生物细菌，从无机物向有机物发展微生物是最初的生命；生命2.0是人类的出现，生物发展史上的重大突破；生命3.0是人工智能，人工智能是新物种，将与人类共生进化，成为全新的生命体。

◎ 海量中小品牌正在崛起，通过各种平台开发自己的消费者，提供自己的产品。新的品牌按需定制，按兴趣组队，按人群服务，小批量制作，快速迭代。围绕某种特定人群，从"按需生产"到"按需分配"从而打造自己的品牌。

◎ 区块链技术的核心在于两大机制：第一机器信任机制，区块链应用机器加密实现数据信任，超越人为的因素；第二价值公平机制，区块链应用智能合约实现价值公平，通证使价值公平兑现。区块链将社会协作，实现协同互利。

◎ 现代企业的发展要解决好三个"始终"：一是始于技术终于市场，先要有好的技术和产品，然后为市场认可接受；二是始于业务终于数据，先要搞好业务基础，然后由数据来主导发展；三是始于专业终于平台，先要做好主体专业，然后向平台逐步发展。这三个"始终"是统一的，但要有先后，在相互融合中发展。

第90讲　经验财富

商道案例

某汽车维修公司在长期的业务实践中积累了丰富的维修经验。通过这些经验，他们归纳了200个汽车使用过程中存在的常见问题，同时将问题解决方案整理成册，供新员工学习借鉴。对此，有员工提出面向社会服务，将每本小册子拍摄成视频，不仅讲维修的原理，还提供了排除故障的流程和方法。这些视频一经网络发布，即收到良好的效果：一方面作为学生的教学培训资料，一方面为汽车使用者在行驶中排除故障之用。这一举措不仅得到新的服务收效，更为公司增加了大量新客户，一举两得。

点评

经验是企业宝贵的知识财富，如果经验呈开放式为社会共享，则既能产生企业效益又能产生社会效益。共享是美德。

管理论语

◎ 有的企业将赚钱放在第一位，有的企业将值钱放在第一位。值钱企业的主要标志有三条：一是优质的客户社群；二是海量的数据库；三是源源不断的现金流。

◎ 企业创新最大的敌人来自两个方面：一是过往经验，以往成功的经验随着时空的变迁变得不合时宜，逐步成为创新的阻力；二是过分自负，自信是必须的，但自负就走向反面，对新事物固执己见，甚至成为创新的障碍。

◎ 创业公司的股权结构设计很重要，初创时期股权应相对集中，一般为4：5：1的结构。例如，5个发起人合伙创业，则4个人为小股东，股权差不多但均较少，一个人为大股东，股权相对较大。随着公司不断壮大，股权逐步分散是必然的发展。

◎ 企业的发展沿着点、线、面、体的轨迹开拓。单个企业是"点"，企业上下游供应链是"线"，企业向平台型发展服务行业是"面"，企业跨界发展建立生态系统是"体"。实际上，生态系统是一张大网。

第91讲 第二人生

商道案例

"第二人生"是美国旧金山林登实验公司开发的虚拟网络游戏。在"第二人生"中，玩家几乎可以创造一切，真实世界中的所有业务都映射在这一平台上。这款游戏并非以娱乐用户为目的，而是给人们提供一个平台，将经济要素整合在一起，给冒险者、创新者以合适的回报。为此，大量实体公司包括很多实力雄厚的公司都在平台上建立主据点，吸引了数以千万计的使用者。平台使用"林登币"，可以进行各方面的交易。

点评

虚拟社区是假世界真经济，随着数字化的加速发展，数字世界将成为人类发展的全新世界。

管理论语

◎ 标准化与个性化的关系要把握好。一般来说，产业链上游的产品要标准化，产业链下游特别是终端产品要个性化；基础性的产品要标准化，制成性的产品要个性化，总之是基型要少，变型要多。

◎ 众筹是全面开发网民红利的商业模式，不仅是筹投资，更筹智慧，筹资源，筹市场，筹人才，是一举多得的新业态。众筹通过互联网O2O模式将业务需求从概念设计、技术、开发、生产制造、市场营销到项目融资进行整合，完成业务的整体解决方案。

◎ 社交已经从个人之间的社交走向企业之间的社交。社群交往是全新的经营机制，企业社交使企业发展具有强大的生命力。企业与供应商、企业与用户、企业与合作机构的社交通过互联网，充分缩短了距离，提高了社交效率。

◎ 上市公司的估值主要取决于两大因素：一是核心资产，上市公司的核心资产主要包括核心团队、核心技术、核心人才、核心资源和核心数据等；二是成长性，上市公司不是看当前的业务指标，而是看未来的成长性指标。核心资产和成长性都是着眼于未来，这是上市公司的价值之所在。

第92讲　在线养羊

商道案例

在内蒙古，养羊是主要产业，特别是小山羊十分可爱，但单纯养羊售卖获取回报有限。为此，有家牧羊公司将小山羊作为宠物开展远程在线养羊，吸引上海等经济发达地区的小孩来领养。该公司将小山羊打扮得很漂亮，还建造了美丽的羊舍，看上去像童话一般。凡是领养的小孩都有一个号码，这个号码被系在被领养的小山羊的脖子上，小孩通过视频每时每刻都能看到小山羊的活动。同时，公司要求小孩每年到内蒙古来旅游，实地观看自己领养的小山羊，这项业务十分红火，以此该公司获得了可观的受益。

点评

在线养羊是全新事业，农业也要数字化。在线发展，举一反三，将成为新农村的致富之道。

管理论语

- 野蛮增长是新产业在初期发展的常态，应该因势利导而不是限制发展，在一定底线框架内任其自由发展。通过一段时间优胜劣汰，新产业将进入良性发展阶段，优秀的企业脱颖而出，成为新产业发展的主导力量。
- 十亿级做公司，百亿级做平台，千亿级做生态。今后的竞争是生态系统与生态系统的竞争，要挑战生态系统的超组织能力。生态系统是一个有机的整体，通过互联网将众多跨界系统整合在一起，形成智慧型超级生态系统。
- 性价比是商业社会中评价商品的重要指标，有两种性价比：一种是着重在"价"，以价格为导向，一味打价格战；一种是着重在"性"，以性能为导向，着眼于价值。实践证明，前一种价格导向越来越窄，后一种价值导向越来越宽广。
- 传统商业与新商业最大的区别是核心的转变。传统商业以商品为核心，新商业以人和数为核心。社交电商中直播起到了重要的作用，从"做产品"到"聚人气"。有时，人的信用带来的收益大于品牌本身的信用所带来的。

第93讲 钢铁服务业

商道案例

南京钢铁公司在坚持走中高端产品路线的基础上延伸发展钢铁服务业务，主要在四个方面开展：一是钢铁信息服务，专门成立 IT 技术公司，在自身数字化的同时为行业中小企业服务；二是钢铁环保服务，公司积累了许多环保技术专利，通过技术输出为同行业服务；三是钢铁物流服务，扩大物流规模，为同行提供原材料及产品物流业务；四是钢铁旅游服务，建立钢铁博物馆，组织钢铁工业旅游。通过开发钢铁服务业，公司的经济效益名列全行业前列。

点评

从钢铁制造业到钢铁服务业是一项重大发展目标，产业向服务延伸价值链很长，发展专业服务前景广阔。

管理论语

◎ 万物互联。连接很重要，但光连接是无用的，关键在于交互。连接的目的是相互作用交互融合。在交互中产生两大效应：一是协同，交互推进协同，使价值不断增值；二是智能，交互形成智能，使价值倍增，从这个意义上讲，交互能够创造价值。

◎ 人的发展动力有许多因素，最能激励人的动力主要有两种：一是内在激励来自兴趣，兴趣是出自内心的需求，其动力强劲；二是外在激励来自敌人，敌人的攻击产生反向刺激，反作用力同样强劲，要感谢敌人。

◎ 进化是生物与环境的交互作用，生物一定要适应环境的变化。适应环境不是简单地、被动地进行，而是在互动中适应，既对自身产生作用，又对环境产生作用，形成相互适应的状态。总之，生物是在交互中重构生态系统，不断迭代，实现进化的。

◎ 人工智能来自试错。人工智能开始的算法模型很简单，是供试错的模型，通过大量试错逐步找到智能优化方案。机器试错由于计算机速度快，试错的成本就低。快速试错、快速迭代、快速优化，就是人工智能成功的机制。

第94讲　分享衣柜

商道案例

现在女士的衣服挂满家中衣柜，许多高档衣服每年仅穿几天，放在衣橱中不但浪费资源，而且会由于保管不当造成损坏。有家服装租赁公司建立了共享衣柜，凡是女士闲置在家的高档衣服都可以存放在共享衣柜，自己需要时可以随时取还，平时不穿时可租赁给他人共享，也可以到共享衣柜中租赁更合适的衣服。这样既能得到收益又能妥善保管衣服，深受女士们的欢迎。现在公司已有上万套共享衣服，创造了可观的经济效益。

点评

资源从占有到共享的转变是重大创新。实际上，资源的本质是使用，使用越多价值越大，使用大于占有。

管理论语

◎ 源代码免费开放可以获得最大价值：一是开拓市场，源代码开源共享，使用的人越多市场就越大；二是迭代优化，源代码要在使用中优化升级，使用场景越来越优化；三是投资价值，在源代码使用中，寻求最佳投资机会。

◎ 平衡是生存和发展的大机制，所有问题都是由不平衡产生的。大到国家经济、企业经营，小到个人身体都需要平衡。平衡有两大类：一是总量平衡，这是数量的平衡，为平衡的基础；二是结构平衡，这是质量的平衡，为平衡的核心，结构平衡是总量平衡的实现机制。

◎ 中国的人口红利正在逐步消退，但网民红利则刚刚开始。第一是网民的消费力，通过网售挖掘网民的消费潜力；第二是网民的智力，通过众包开发网民的聪明智慧；第三是网民的财力，通过众筹聚集网民的投资资源。

◎ 一主多元发展模式是企业未来的发展方向。企业发展1.0模式是专业化发展，在一个专业中不断发展，现在产能过剩已经遇到瓶颈；企业发展2.0模式是多元化发展，在不同专业中并行发展，多元化变成边缘化；企业发展3.0模式是一主多元发展，突出一个主业发展，围绕主业向周边乃至去跨界打造产业生态系统，这是新的发展模式，极具生命活力。

第 95 讲　旅游餐厅

商道案例

上海有家旅游餐厅生意十分红火，每位客户收 1000 元用餐费，座位需要预约排队。旅游餐厅是个全新的模式，整个餐厅应用虚拟现实即 VR/AR 技术，将餐厅的四周和上下六个面全部变成旅游场景，可以直接观看。客户用餐时一边吃一边在变换的场景中周游列国，一会儿到纽约，一会儿到巴黎，一会儿到东京，具体场景由客户自己设定。一顿饭下来，几乎旅游遍了世界各地，身临其境，颇受客户喜爱。

点评

餐饮与旅游应用数字技术相互融合是一大创举。数字技术与产业融合能改变一切场景。

管理论语

◎ 随着人工智能的不断发展，人与机器的关系将从人与机器协作走向人机融合。人机协作是人与机器协同工作，人机融合是人与机器融为一体。人机融合是人类的自我"设计"，既能设计自己的软件，又能设计自己的硬件，从自然进化走向数字进化。

◎ 车辆经过弯道时常处三种状态：第一是弯道减速，如果减速太多，容易落伍；第二是弯道颠覆，如果颠覆太大，可能造成翻车；第三是弯道超越，如果掌控得当，就能实现超越，通过弯道超越，走上新的发展台阶。

◎ 在企业员工满意因素中，激励因素占 81%，保健因素占 19%。激励因素主要是成就感，成就感不能给予，只能获取。企业家要给员工提供参与机会，唯有员工广泛参与企业的经营管理，才能充分释放其能量和创造力，从而获得成就感。

◎ 产业链核心技术十分重要，真正掌握产业核心技术的受益人只有 2% 左右，剩下 98% 左右的人之所以成功，是因为找准了将核心技术叠加在原有产业的关键点，从而使企业成为新的科技企业。企业要从应用产业核心技术发展到自主开发产业核心技术，以产生长期价值。

第 96 讲　居安思危

商道案例

百安居公司进入中国市场，在建立中国公司时，首先做的是危机管理。公司设想了许多危机场景，如各种自然灾害、债务危机、突发事件等，研究灾备策划方案，准备自救措施，不仅如此还进行演习，以便企业在面对危机时能应对自如。在 2003 年非典和 2008 年全球金融危机时，百安居平稳度过，没有发生经济损失，这是居安思危的好案例。

点评

在不确定性时代，发生"黑天鹅"事件是不可避免的。唯有预先做好危机管理，方能长治久安。

管理论语

◎　人们都想富裕，想富要慢富，不要快富。想走捷径，最后都是弯路；想靠投机，最后都是陷阱。巴菲特是长期主义者，相信复利慢富。他一生中 99% 的财富都是 50 岁以后获得的。致富靠坚持积累，时间是最好的朋友。

◎　企业领导类型大体有三种：一是家长型，在企业发展初期起到重要作用；二是交易型，在开拓市场营销中发挥关键作用；三是变革型，在面临困难与挑战中发挥决定性作用。当今企业发展中不确定因素增多，更需要变革型领导来应对变化。

◎　企业的价值观应发生两大转换：企业外部要从以企业为中心转变为以用户为中心，生产经营要始终围绕用户的需求来展开，最大限度地为用户创造价值；企业内部要从以领导为本转为以员工为本，要充分信任员工，尊重员工，最大限度地调动员工的积极性和创造性。

◎　数字化人才要掌握两大关键：第一，数字思维，首先要使自己进入数字世界，学会数字思维，将数据作为业务的源头，以数字驱动业务；第二，数字工具，学会应用数字工具，主要是采集数据、传输数据、处理数据、执行数据，将数据与算法、算力融为一体。

第97讲 丰田模式

商道案例

日本丰田公司创造了丰田经营模式。丰田模式强调 4P 原则：一是理念，着眼于企业的长远价值；二是流程，杜绝生产经营中的各种浪费；三是尊重，尊重企业员工和事业伙伴；四是问题，围绕客户需求寻找问题，实施持续改进。丰田模式精髓是在战略上实施"长期主义"，绝不为短期的商业利益损害长期的战略利益。

点评

丰田公司是精益经营的典范，始终坚持两大价值：第一长期价值，第二客户价值，这两大价值是永恒的。

管理论语

◎ 当今，认知水平具有决定性作用，已经从信息不对称时代走向认知不对称时代，认知差距成为时代差距。提高认知水平有两条路径：一是从更高维度来认知，跨上高层思维层次；二是从时空来认知，探求深远发展空间。

◎ 新的经济发展动能正在快速成长，显著体现在两方面：一是新兴经济发展迅速，新产业、新模式、新业态层出不穷，主导增量经济；二是创客经济蒸蒸日上，新生代创客大量涌现，成为创业主力军。

◎ "持续行动"是强大的力量，一个人要形成核心能力应具备两个条件：一是发现自身的兴趣点，兴趣来自内在的需求，具有自发的动力；二是围绕兴趣的持续行动，一项技能要长期训练 10000 次能够成熟，这是培育核心能力之规律。

◎ 随着经济与社会发展中综合性问题越来越多，交叉学科也越来越得到发展。最近 25 年颁发的诺贝尔奖项中，交叉学科研究获奖接近一半。大学教学中新学科也多为交叉学科，如人工智能、集成电路、数据科学等。交叉学科已成为未来新兴科技的"集中地"，在为创造性人才的培育开拓新的道路。

第 98 讲　小进即退

商道案例

20 世纪 80 年代，石狮镇的小商品市场十分兴旺，每天到镇上做生意的个体户数不胜数。30 多年过去了，石狮镇升级为石狮市，曾经沿街摆摊的商户已进入专业化的商城。从物理形态来说有了较大进步，但业务形态没有升级，既没有科技创新，又没有电子商务，仍延续原来的商业模式。现在市场冷冷清清，和与之同期起步的其他市场相比已经落伍。

点评

市场业务形态是不断进化的，仅是物理形态的变迁是远远不够的，关键在于科技创新。

管理论语

◎ 事物之间的关系大体分为三种：第一是因果关系，事物的关系比较简单，一般属于因果关系；第二是相关关系，事物的关系比较复杂，主要是呈现相关关系；第三是平衡关系，事物之间的根本关系是平衡关系，失衡是大问题，伴随时间发展，事物之间终将走向平衡。

◎ 企业要做好三天，就能做好所有。第一是今天，做好当下是最重要的，将今天做到极致是发展的基础；第二是明天，确定明天的目标，通过创新迭代达成目标；第三是后天，预测后天的变化，研究适应变化的预案。

◎ 对于"懂"的理解有不同的深度：一是似懂非懂，仅从表象上看事物，不求甚解；二是探求道理，通过表象进而探求原因，力求弄清道理；三是亲身实践，在弄懂道理的基础上实习体验，使所见真正变成内在认知。古人云"上士闻道，勤而行之。"

◎ 从二维世界到三维世界是重大发展，如 3D 抖音、3D 淘宝、3D 微信等，大大增强人的体验。通过 AR（增强现实）将虚拟产品叠加或插入实体，使虚拟与实体相融合，从而进入全新的数字世界。未来三到五年，AR 眼镜的体验日益成熟，有可能替代现在的手机，成为普惠的数字工具。

第99讲　猜读书法

商道案例

著名数学家华罗庚的读书方法与众不同。他拿到一本书，先看题目闭目静思，猜想书的谋篇布局，然后打开书小览。如果作者的思路与自己猜想的一致，他就不再读了。华罗庚这种猜读书法不仅节省了大量读书时间，更是培养自己的思维力和想象力，不至于使自己沦为书的奴隶。

点评

猜读书法是具有创造性的读书方法，值得学习，对提高思维力和想象力有极大帮助。

管理论语

◎ 人类力量的泉源来自三大因素：第一是信仰，信仰是出自内心的动力，使人们坚信不疑为之努力；第二是梦想，梦想是一种伟大的力量，驱动人们为之不断奋斗；第三是爱，爱是人类的本性，具有最原始最强大的动力，甚至为之牺牲也在所不惜。

◎ 创客的互联互通至关重要，要从五个方面形成创业生态系统：一是创客与创客的互联，实现经验与智慧的互通；二是创客与专业服务的互联，通过专业服务提供众多资源；三是创客与传统企业互联，实现双方的互动合作；四是创客与国际资源的互联互通；五是创客与政府的互联互通。

◎ 独角兽公司都有独特的能力，主要体现在三大方面：一是智能交互的新利器，应用数字新技术赋能产品与经营；二是生态发展的新模式，围绕产业建立产业生态系统；三是人文关怀的新价值，以人为本将文化嵌入产业提升新的价值。

◎ 新消费品牌快速崛起，其背后的共同特点是数字化贯穿经营的全链路，即人、货、场的全面数据化和可视化。一是数字化人群分析，消费者可分析、可识别、可触达；二是数字化产品生产，C2B定制和柔性供应链；三是数字化场景体验，拥抱数字平台实现交易、交互和交付。人、货、场三者通过数据融合为一体。

第100讲　学习创新

商道案例

一位大民营企业家，学历不太高，专业知识也不太多，但其学习创新快，主要是向人才学。他向人才学习有"两招"：一是招聘，凡是招聘人才时，这位企业家会亲自面试，在面试中提出自己许多搞不懂的问题，通过与人才交流得到答案；二是招标，凡是企业引进设备和投资项目时，他都亲自读标书，从中学到许多专业知识。在向人才学习的过程中，这位企业家不知不觉也成了专家。

点评

向书本学固然重要，向人才学更为有效。向人才学习创新可能更快、更有效。

管理论语

◎ 对数据公司来讲，前台的产品较简单，后台的数据较复杂。企业中所有要素要数字化，人、财、物、事、环境五大要素统统要转化为数据。通过数据来驱动业务，由数据流主导业务流、实物流和资金流，成为以数据为基础的公司。

◎ 互联网最终的形态是全联网，即全球物联网，因为物联占整个全球连接节点的90%，未来将实现全球数字化。全联网是人、机、物的大接口，未来整个人、机、物将会形成一体化的格局。

◎ 创业者要做一场全能式的马拉松长跑，凡是目光远大的创业者成功率可能较高，创业不求快速爆发，而要求长远发展。创业成功者大多数是领袖型人才。

◎ 每个产业都有"蓝海"。开发"蓝海"关键在于两大思维：一是蓝海战略思维，用蓝海思想来改造红海经营，深入思考行业的本质，就能找到发展的机会点；二是未来发展思维，从未来的角度思考行业的发展，特别是跨界行业发展带来的新机会。

第101讲　坚持就是胜利

商道案例

威灵顿将军在滑铁卢战争中打败拿破仑，其过程十分神秘。威灵顿曾经六次被拿破仑打败，他逃到一个山庄的破屋中，看到一只大蜘蛛在努力织网，它织了六次都失败了，但蜘蛛并没有放弃，第七次终于成功地织成了自己的网。威灵顿从中获得了启示，于是坚持战斗，最后在滑铁卢与拿破仑展开的第七次较量中取得了胜利。

点评

坚持就是胜利，有时失败了也不要轻言放弃，胜利常因坚持而取得。

管理论语

◎ "产品计算"是企业数字转型的关键，数字化首先是产品数字化，将功能产品升级为智能产品，这是人们对爱好生活最重要的需求。数字产品主要是应用芯片，包括嵌入式芯片、异物芯片和传感器，进而接入"云端"。

◎ 以终为始也许是做事成功的规律。经营产品要以卖而买，首先研究客户需求，然后组织资源。投资项目要以退而进，首先研究退出路径，然后投入资金。只有把结果搞清了，然后开始做事，方能进退自如，善始善终。

◎ 企业经营者要把握三个态度：第一是对客户的态度，全心全意为客户创造价值；第二是对员工的态度，千方百计调动员工的积极性和创造性；第三对自己的态度，正确认识自我超越自我。这三个态度是一个整体，决定的因素是经营者本身。

◎ 智能解决方案要有"两懂"人才，一是数字技术人才"懂行"，数字技术人员要对场景中的业务有深刻理解，懂得业务的关键和"痛点"；二是专业技术人才"懂数"，专业技术人员要识别特征数据和算法原理。唯有"两懂"，既"懂行"又"懂数"，方能设计精准的解决方案，产生全新的价值。

第102讲 压力之谜

商道案例

书生与农夫在两块相邻的土地上种蚕豆。书生将蚕豆种子种下后，每天精心看护，生怕有人到地里踩踏。农夫将蚕豆种子种下后，亲身连日踩践。一个月后，书生种的蚕豆大都不发芽，即使发芽也是纤弱羸瘦。农夫种的蚕豆大都发芽，而且长得健壮。至此。书生问农夫为何出现这种情况，农夫说了四个字："不压不发"。

点评

压力有时是一种动力。植物如此，人更是如此。

管理论语

◎ 人与机器人的关系大体分为三类：第一类机器人是体力机器人，主要是替代人的体力劳动；第二类机器人是智力机器人，主要是成为人的智能助理；第三类机器人是感情机器人，主要可以陪伴人而成为人类的朋友。随着人工智能的不断发展，人与机器人将协作共生。

◎ 传统规模经济与新经济规模经济为两种不同方式：传统经济的规模是由单个企业不断发展形成的大企业，新经济的规模是由众多中小企业相互连接形成的生态企业群，生态企业群既有大规模优势又有小而灵活的联合优势。

◎ 机器人学习曲线分为两个阶段：初始阶段机器人的学习一直处于试错阶段，学习曲线较低且为平直线；一旦进入拐点阶段，机器人的学习能力迅速提高，学习曲线呈指数级直线上升。在许多领域，机器人的工作能力能够超过人类。

◎ 物理世界与数字世界是双向互动的：一方面，物理世界应用数字世界的新技术，为物理世界赋能，解决难题，提升价值；另一方面，数字世界的资源融入物理世界，通过数据包激活物理世界的存量资产，许多新场景、新模式、新业态将应运而生，能够创造全新的价值。

第103讲 "痛点"为要

商道案例

解决客户"痛点"十分重要,日本某搬家公司非常关注客户搬家中的"痛点",主要是厨房、书房和衣柜,在搬出时要大量整理,在搬进时要重新安放,比较麻烦。为此,搬家公司提供了解决方案,打包前对厨房中的器具、书房中的书籍、衣柜中的衣服全部摄像,待搬进新家后,按摄像原样进行安放,使客户感受与以前一样,客户纷纷表示满意,搬家公司也得到新的收益,实现了双赢。

点评

解决客户"痛点"是客户关系管理的关键,也是企业增值服务的核心,以此实现客户价值的最大化。

管理论语

◎ 智能化要从单个智能走向网络智能。单个智能本质是自动化,网络智能是真正的智能化。通过云计算的数据驱动,使机器与人以及机器与机器可以进行交流,智能互联网的时代已经到来。

◎ 企业与顾客的关系有三种:1.0是推销产品与服务,企业将产品和服务推销给顾客。2.0是满足顾客需求,企业根据顾客需求提供产品和服务。3.0是创造顾客价值,企业与顾客互动,共同创造顾客价值。顾客价值是多元的,通过合作可以为顾客创造更多价值。

◎ 重视问题导向是必要的,而更要重视战略指向。问题导向是针对当前工作的,有立竿见影的作用。战略导向是针对长远和全局发展的,具有根本性指导作用。问题导向和战略导向两者有机结合,在战略导向的前提下解决问题导向。

◎ 数字化要以用户为中心,从用户中来运用到用户中去。首先,用户产生需求,通过数据对用户需求进行深刻分析;其二,用户产生资源,由用户产生数据,由用户产生算法,将用户的使用数据和应用算法通过建库聚集起来;其三,用户参与过程,在与用户不断互动中,提供用户优化的解决方案。

第104讲　高人为伍

商道案例

李嘉诚的秘书跟随其多年后辞去了职务，李嘉诚奖励给他200万元以作赠礼。秘书拒绝了，说多年来已积蓄了2000多万元。李嘉诚问他每月工资仅数千元，何来那么多钱积蓄。秘书道出其中秘密：每次与李嘉诚参加各种会议，听到哪里的房产赚钱，哪里的股票上涨，他就跟着买，也学习了如何买房产和股票。秘书赚钱是向李嘉诚学会的。

点评

一个人与什么样的人在一起，就有什么样的人生。与高人为伍，又善于学习，多能登上人生的高峰。

管理论语

◎ 股东、用户、员工是一个生态系统，应从股东价值最大化转向生态价值最大化。股东、用户、员工在传统时代是"三边博弈"，以股东利益为主导；在数字时代是"三位一体"，实现三者共赢。特别是在区块链技术中，三者可以是同一个人，形成全新机制。

◎ 企业组织从金字塔一统体制，正在走向"大平台+微组织"融合体制，这是时代发展的大趋势。首先是微组织，经营单元越小越好，越有活力和效益；其二是大平台，大平台的功能是赋能，为微组织服务；其三是网络和数据，实现网络协同和数据智能。

◎ 建立"数字大脑"是企业之灵魂，企业开发应用大数据主要是"三大"：一是大集中，应将企业内部、外部数据广泛连接，实施数据大集中；二是大协同，应将各方数据集成整合，实施数据大协同；三是大共享，应将众多数据快速流通，实施数据大共享。在具体应用时应关注特征数据、子数据和边缘数据。

◎ 华为的价值观是"铁三角"，主要有"三力"构成：第一是拉力，"以客户为中心"是最强大的拉力，华为始终如一为客户创造最高的价值；第二是动力，"以奋斗者为本"是最根本的动力，华为将奋斗者作为企业之魂；第三是推力，"长期坚持艰苦奋斗"是最重要的推力，华为文化的内核就是艰苦奋斗。

第105讲　微创新

商道案例

拉斯维加斯酒店林立，有家看起来外观不具优势的三星级酒店的生意却显得格外兴隆，主要是有大量回头客。这家酒店善于在细微处创新：当顾客结账离开时，门童会送给顾客两瓶冰冻矿泉水。这两瓶水的成本微不足道，却给顾客带来极佳的体验。因为从这家酒店开车到最近的机场大概需要1小时，中间没有加油站和休息区，沿途正需要补水，这种对顾客温馨细致的服务，吸引了大量回头客。

点评

"微创新"只需从微细之处入手，解决顾客的"痛点"，就能收获好的回报。

管理沦语

◎ 世界500强企业大多不是自身不断扩张壮大的，而是通过多次并购壮大的。全球已进入第六次并购浪潮，当前以科技并购为主导，通过技术通吃和模式通吃不断提高产业集中度，同时以线上并购带动线下并购，将存量资产转化为新的增量资产。

◎ 进化有两大选择：第一是生物进化，生物进化是自然选择，通过生物与环境的交互，在自然选择中提高对环境的适应性，从而实现进化；第二是机器进化，机器进化是算法选择，通过机器与数据的交互，在算法选择中反馈迭代、逐步优化，从而实现进化。

◎ 制造业企业在不同时代有不同的生产方式。工业时代为串行制造，按照原料、设备、生产、运输和销售五大环节的程序依次进行；数字时代为并行制造，五大环节单独动态配置模块为客户创造价值，实施自行决策、组织和维护，具有全价值链智能水平。

◎ 企业数字化转型要解决两大核心问题：一是转型目的，转型数字化的目的是通过精准高效的资源配置，提升组织对客户需求和外界变化的响应能力，更好地创造客户价值；二是转型难点，转型最艰难的是"软实力"，主要解决数字化人才、数字化文化、数字化组织架构和数字化管理理念。

第106讲　数据网红

商道案例

上海某网红大咖直播带货创造指数级增长的辉煌业绩，其核心竞争力是组织数据开发团队，对大量粉丝的需求进行深入的分析研究，然后将数据报告提供给生产厂商，同时将数据分析的内容通过直播进行表达，获得消费者的良好体验和认同。数据网红的实质是经营数据，其商业模式是数据驱动业务。

点评

简单的直播带货实质是广告，没有针对性需求。基于数据分析的直播带货是精准营销，满足针对性需求。

管理论语

◎ 智能商业的 DNA 双螺旋发展有两大特点：一是网络协同；二是数据智能。网络协同是前提，各要素的数据通过网络效应，产生网络协同。数据智能是核心，数据和算法通过有机结合，产生数据智能。网络协同和数据智能实现智能商业的双螺旋发展。

◎ 数字世界是从高维度解决物理世界的问题，在数字世界中，数据可以进行无数次迭代，寻求系统的最优解，从而赢得物理世界的一次成功。数据试错和数据仿真具有速度快、成本低、效果好等优势，充分体现数字化的巨大威力。

◎ 数字革命既是技术创新，又是制度创新，全面数字化要有新的体制和机制：一是导向的创新，始终围绕客户来创造价值；二是理念的创新，数据为第一资源，由数据驱动业务；三是文化的创新，鼓励试错容错纠错，建立创造性文化。

◎ 马斯克投资的人工智能科技公司开发的 GPT3 第三代语音模型，属于神经网络驱动的全新语言模型，其智力高得可怕，颠覆了人们的认知。GPT3 理解自然语言，可自动生成文本，可与人们聊天，能写论文、写小说、写段子、写音乐、并能转换不同风格的语言，它们正在深刻改变世界。

第107讲 "大富豪"

商道案例

日本有个主要培育少年儿童"财商"的"大富豪"网站，教孩子们从小就要学会如何聚财、理财、增财。"财商"网模仿银行、保险、证券、期货、税务、投资等功能制成软件模块，以游戏的方式教孩子们学习，颇受家长与孩子欢迎。现在少年儿童每年的"压岁钱"较多，网站升级为理财平台，为孩子们的"压岁钱"增值，同时也为网络创造新的收益，成为全新的商业模式。

点评

"财商"是人一生中应该具备的重要素养，从小培育自己的"财商"对一生的成长和发展会起到意想不到的作用。

管理论语

◎ 新时代不确定性是常态，对于真正的企业家来说，不确定性更多的是机遇而不仅仅是挑战。不确定性有多种可能，通过将不确定性转化为确定性。管理大师彼得·德鲁克说："动荡时代最大的危险不是动荡本身，而是仍然用过去的逻辑做事。"

◎ 智能系统一般包含三大部分：一是动态感知，通过传感器采集场景数据；二是智能分析，根据数据分析建立算法模型；三是敏捷反应，应用算法对照目标不断反馈迭代，最终获得优化的智能解决方案。

◎ 商业智能的核心是实现智能化，从根本上改变商业运作的基本规律。今后越来越多的商业决策将由数据来主导，越来越多的商业运作将由机器来完成，这对于传统商业是质的飞跃。智能化将推动商业创新彻底升维。

◎ 新的微型人工智能正在兴起。微型人工智能是将强大的算法用于手机乃至其他消费级设备上独立运行，不再需要云端通信，适合于在本地设备上运行AI算法。微型人工智能具有诸多优势，包括无延迟以及改善隐私等方面。微型人工智能可应用于各种场景，具有普及推广的意义。

第108讲 保险引擎

商道案例

某保险代理公司主要做重型卡车的保险业务，公司提供系列服务：（1）为买车人贷款提供担保；（2）为卡车提供为期三年的保险；（3）利用GPS电子锁服务；（4）为买车人卖意外险；（5）为买车人家庭卖财产险；（6）为卡车提供救援服务；（7）开发买车人家属的寿险等。这种模式搭建"保险产品销售超市"，成为强有力的保险引擎。

点评

公司对增值业务的不断挖掘可提供数不尽的服务价值。

管理论语

◎ 数字化要建立新的认知：一是所有业务都要转化为数据，数据为第一资源；二是拥抱合作，实现共生；三是拥有不再重要，重要的是与谁连接，互动越多机会越多；四是回归顾客端，一切围绕顾客，实现顾客价值最大化。

◎ S2B2C正在成为新的商业模式，S既是服务平台又是供给平台，其服务的对象是小B和C端，其主要功能是赋能。一方面为小B提供资源和服务；另一方面为小B提高能力，发挥自主能动性，自带流量为C端目标客户更好服务。

◎ 传统企业的投资效益曲线是线性的，当投资增加生产能力，效益随之增加，而生产能力增加到一定限度，效益反而减少。数字化企业投资效益曲线是指数型的，开始时效益曲线是平直的，效益并不显著，待当过了拐点，曲线直线上升，效益呈指数级增长。

◎ 科学化决策应该是经验决策和数据决策的融合，传统的经验决策是语文式决策，属于描述性的定性决策；大数据决策是数学式决策，属客观理性的定量决策。经验决策与数据决策不是相互对立的替代关系，而是相互叠加的融合关系。大数据提高决策的成功概率，为决策方式的升级。

第109讲　供应链金融

商道案例

深圳发展银行在全国率先推出"供应链金融"服务，业务量增长50%，不良率持续在1%以下。该银行的主要做法是两条链：一是贸易信贷链，提出"1+N"的贸易融资，1代表核心企业，N代表供应链上的中小企业，通过强势企业的信用，盘活中小企业的存货和应收货款；二是物流监管链，通过合作将货物监管外包给物流巨头企业。贸易信贷链与物流监管链相互融合，保障供应链金融的有效发展。

点评

供应链金融是不断发展的，其创新的方面：一是数据主导，由数据驱动业务；二是业务上链，应用区块链技术监管。

管理论语

◎ 企业管理已经跨越企业的边界，向企业外部管理与发展。一方面供应链管理需要企业将整条供应链管好，通过优化管理供应链来提升企业自身的价值；另一方面，业务外包需要将外包企业管好，通过管好外包业务质量来确保企业自身价值。强化企业外部管理已势在必行。

◎ 人驱动业务与机器驱动业务，最大的差异为情绪因素。人的情绪成本较高，情绪好时，执行力高且不出错；情绪差时，执行力低且易出错，人的情绪成本不可小视。机器没有情绪成本，完全按照规则执行，特别是人工智能越做越优秀。

◎ 企业数字化转型不是单纯的技术概念，而是全面的转型升级。一是组织的转型，企业应转向网络型组织，运用好社群组织；二是模式的转型，商业模式全面转向用户主导，以创造用户价值为中心；三是技术的转型，数字技术重构企业，赋能企业发展。

◎ 《追求卓越》一书中，作者对50个顶级企业进行长期考察研究，总结了八项特质原则，其中一条是"崇尚行动"，快速行动就是50%的成功。许多事情今天做与明天做，成本不一样结果也就不一样。新产品往往是先做的发财，后做的发呆，心动不如行动。

第110讲　品牌经营

商道案例

海澜服装在市场上称为"男人的衣柜"。"海澜之家"集中经营品牌，从四个方面构建品牌生态系统：一是品牌生产，优选420多家服装生产供应商；二是品牌营销，整合3500多家服装门店；三是品牌设计，聚集1000多位服装设计师；四是品牌延伸，发展马术游娱产业。海澜服装通过品牌经营将四个方面融合为一体，同时应用数字技术建立平台进行赋能服务，向时代型企业发展。

点评

品牌是企业最好的无形资产，创新品牌就要经营好品牌，使品牌创造更好的价值。

管理论语

◎ 传统企业发展方式是做大做强，先做大规模，再做强企业，这种方式往往企业在做大过程中会被淘汰。现代企业发展方式是做精、做强、做大。首先要做精，准确定位精深发展；然后做强，打造核心竞争力；最后是做大，做大是做精做强的结果。

◎ 企业的ERP需要转型升级。一是以客户为中心，以往ERP以生产或财务为中心束缚了顾客需求，ERP必须以客户价值为中心。二是内外一体化，要从企业内部优化转向企业内外部一体优化，与供应链相协同。

◎ 对于创业者来说有"两个点"特别重要：第一，相信是成功的起点，对于创业目标不是先有把握才有成功，而是先有相信才能成功。第二，坚持是成功的终点，在创业过程中有无数的艰难困苦，唯有坚持到底方能到达光辉的终点。

◎ 成功的公司与伟大的公司是不一样的。成功的公司主要体现在业绩表现上，经营业绩好，市场竞争力强都是成功公司的标志。伟大的公司不仅要有好的业务和强的竞争力，更重要的是公司的社会责任感，通过对社会的不断奉献体现公司的魅力，彰显伟大公司的美好。

第111讲　合作经营

商道案例

无锡"拈花湾"景区是旅游市场的新星，主要以"禅"文化为基本内涵。"拈花湾"与景区商户改变租赁模式为合作经营，呈现三大优势：一是物业由景区建设，商户不付房租降低风险，经营收入与景区各半分成；二是统一经营标准和风格，整个景区协调一致；三是景区招商引进客户，与商户共享客户。由于合作经营，景区与商户构成了利益共同体，实现价值共创共享。

点评

景区与商户从分离到合作，这是商业模式的一大创新，这对其他相类似场景的经营具有普遍推广意义。

管理论语

◎ 当今，产业发展中头部效应越来越明显，少数头部企业占据价值链的高端，统领整个产业的发展。头部企业有两大特点：一是具有核心能力，首要的是打造企业的核心能力，特别是产业数字能力；二是组织产业生态体系，产业生态驱动产业的进化发展。

◎ 大网站有个明显的发展趋势，越来越向综合化发展，这是因为网络化从信息为中心转向以人为中心的要求。百度、腾讯、新浪、网易等大网站，既是信息发布平台、商品推广平台、社会媒体平台，也是交友社区平台，人们的各种需求都能在一个平台上得到满足。

◎ 企业追求利益要从短期利益最大化转向长期利益最大化，这就要求做好两方面工作：第一，不搞利益独享，价值是由生态系统共同创造的，利益应由利益相关者共享；第二，不急功近利，商业利益要服务战略利益，利益要算大账，实现企业利益的可持续增长。

◎ 细节是重要的，细节决定成败有个大前提，必须建立在方向正确的基础上，这就是战略与战术的关系。战略就是方向，始终是第一位的，战略决定生死。战术就是方法，从属于第二位的，战术决定成败。失败后可以成功，而死亡后不能复生。

第112讲 "拿来"的品牌

商道案例

中国动向公司是经营体育服饰的企业，为发展品牌收购意大利同类品牌，如Kappa。该公司制定了两大发展策略：一是"单一品牌国际化"，将Kappa体育服饰品牌，由中国逐步扩大到全球市场，实施专业全球化；二是"区域市场多品牌"，通过复制Kappa模式，在中国市场内打造和管理多个优秀运动品牌，实施区域多元化。通过两个策略的相互融合，最终实现"国际品牌本土化"和"中国企业品牌全球化"，从而融入全球化经营。

点评

"拿来"的品牌是典型的借牌经营，关键在于运营，通过系列性运营策略，当选中国的世界品牌。

管理沦语

- 在数字世界中，不需要正式制度赋予地位，关键是构建社会网络。社会网络是个生态系统，具有多样化的功能，通过发挥超级专业特长，赋能生态系统，就能在社会网络中具有影响力和受到尊重。
- 在网络平台上，每个领域最先起步的拥有90%的资源，追赶进入的拥有9%的资源，而其他的仅有1%的资源。这里的关键是认知能力，通过对未来的洞察抢先抓住机会。
- 认知盈余值得重现。所谓认知盈余，即是将人们对空间时间进行创造性活动，通过网络工具与大众共享。在此过程中，每个人既是知识的创造者，又是知识的消费者。认知盈余没有任何报酬，得到的是社会尊重和认同。
- 未来企业生态将发生深刻变化：大企业是平台企业，建立在互联网上的"云上"，小企业为大企业平台上的一个节点，互相形成共生关系；大企业为小企业赋能服务，小企业创造专业价值。未来企业的"神"在而形不一定在，可模块化、可分布式，以适应不断变化的需求。

第113讲 产业思维

商道案例

《狮子王》是一部上海大剧院与上海文化基金会合作的著名歌剧，剧团通过产业思维，应用资本运作取得可喜的叠加收益：一是以品牌为依托，获得银行4000万元贷款；二是发挥宣传作用，取得1000多万元的社会赞助；三是强化票房的收入，改变本地销售方式，在全国十多个城市以及港台地区同步发售，获得票房收入7200万元。至此，《狮子王》歌剧轰动全国，这是产业思维的运作成功。

点评

文化事业要改变行政思维的传统格局，应用产业思维可走出一条全新的发展之路。

管理论语

◎ 长三角一体化发展的动力主要经历三个阶段：第一个阶段是利益动力，凡是有共同利益先行一体化，如交通和环保等；第二个阶段是市场动力，从商品市场到要素市场逐步走向一体化；第三个阶段是科技动力，科技创新已成为长三角发展的共同主题。

◎ 产业转移是产业发展的必然要求。如何解决产业"空心化"有三条路径：一是向产业链上游高价值环节发展，主要是关键科技及零部件；二是掌握核心技术，不断强化产业核心技术；三是留住公司转移工厂，加强产业高端服务，通过"控心"解决产业"空心"。

◎ 一主多元已成为新的商业模式，这种模式以人为本。首先要确立一主，没有鲜明的主业，人们无法认同，也就不能占据客户的心智。在强化一主的基础上发展多元，人的需求是多元的，围绕一主构建生态系统，可以满足客户更多需求，创造更好价值。

◎ 善变者赢。在地球上最小的生物是微生物，也是最善变的生物。6500万年前一小行星撞击地球，大部分生物都灭绝了，唯独微生物生存了下来。在基本粒子世界，量子是最小的粒子，它居无定所，善变无常，能超空间转移。所谓智能就是以变应变，随机而变，活力无限。

第114讲 专利开源

商道案例

日本一家数据机械公司，在长期发展中创造了许多设计专利。企业经营者决定将设计专利开源，为全社会使用。这遭到设计人员的反对，但经营者坚持专利开源，收到了意想不到的成效：一是开拓了市场，由于专利开源变成了技术标准，迅速扩大了市场；二是加快了迭代，由于使用者增加，反馈大量使用意见，有利迭代优化；三是推动技术创新，由于专利的公开，加快了设计开发的紧迫性。

点评

专利开源已成为新的趋势，科技的加速度发展是促进专利持续开发的强大动力，专利开源将一举多得。

管理论语

◎ 随着物联网和5G的发展，"机器社交网络"应运而生，万物互联造就的机器网络化正在对机器进行重新定义。"新机器"是机器社区中的成员，通过机器社交获得超级感知能力，从而实现机器间的网络协同和持续进化。机器社交将实现机器网络的智能化。

◎ 物联网的未来发展有两个80%：一是5G的应用，5G的80%将用于物联网，重点是构建万物互联的边缘网络，它是网络神经的末梢，已成为实现智能的重心；二是室内的应用，未来80%的数据业务发生在室内，室内移动场景网络已成为物联的主导。

◎ 未来一切业务都需要数据化，但关键是使一切数据要业务化，从而实现数据的闭环。如果业务数据聚集后不能变现，就是很高的成本，所以开发应用数据，使其为业务增值，这是较高的价值。对于数据的"两个一切"，前面"一切"是基础，后面"一切"是核心。

◎ 企业开拓市场是不断发展的，短期拼"营销"，主要是广告创新推销产品；中期拼"模式"，主要是商业模式创新，全力适应用户的需求；长期拼"科技"，主要是科技创新，引领用户的需求。现在用户需求层出不穷，不是现成的产品所能满足的，唯一的办法是通过科技创新来为用户创造新的价值。

第115讲 红领CZM

商道案例

青岛红领服装是定制服饰的著名企业，已成为圈内CZM（按客户订单生产）生产的典型。红领CZM是全面数字化：一是订单数字化，客户的需求和尺寸，在企业海量数据库中选定，制定数字订单；二是打样数字化，根据数字订单，按样板模块打样裁剪；三是生产数字化，将所有数据制作二维码，在流水线上生产；四是发货数字化，通过数据驱动物流，将产品送达客户。CZM是点对点的模式，既加快了速度，又节约了成本，实现客户价值的最大化。

点评

红领服装的现场生产与传统服装企业并无两样，其核心在于后台的"数字大脑"，从这个意义上讲，红领服装是个数据公司。

管理论语

◎ 企业工业时代的"四大"是通用、美孚、杜邦和波音；信息时代的"四大"是微软、英特尔、IBM和戴尔；数字时代的"四大"是亚马逊、苹果、脸书和谷歌。"新四大"与"老四大"的区别在于从物到人的动力迁徙，传统企业以物的商业利润为根本驱动力，而数字企业以人的本性满足为根本驱动力。

◎ 区块链的应用主要从两大功能来考察：一是信任功能，区块链是信任互联网，已较好应用于存证（电子凭证）、公益、溯源等方面；二是价值功能，区块链是价值互联网，已较好应用于通证激励（类似积分）、设备运营、供应链金融等方面。

◎ 企业发展有五个阶段：种子期、初创期、成长期、成熟期和重整期。创业投资一般都重视成长期和成熟期的企业，但真正有价值的是初创期和重整期的企业，这两个阶段的企业机会最多，价值也最大。

◎ 现代社会中人与人之间的沟通至关重要，这是进行说服和化解误会的重要路径。沟通主要不在于讲与说，而重在问与听。通过问与听，了解对方的真实想法，倾听对方的真正诉求，然后针对性地做好工作，方能起到事半功倍之效。

第116讲 城市先知

商道案例

美国宾夕法尼亚大学有个中国博士叫黎珍辉，26岁成为该校终身教授。她回国创业，选择自己喜欢的数字产业。她经过精心调查研究，决定创建"城市先知"，也就是在城市开发之前建立"平行世界"，指导城市的发展。这是较艰难的事业，她选择城市交通作为突破口，先建"交通模拟器"，解决城市交通拥堵难题。"交通模拟器"建成后，应用大量数据有效解决城市实际交通，取得了可喜的成果。

点评

"城市先知"其本质是数字孪生体，复杂工程都应先建立数字虚拟模型，通过反复优化，再建设实体工程。

管理论语

◎ 对比是一种认知方式，也是发展的动力。有两种基本的对比方式：一种是横向对比，主要与别人比特色，创造与众不同的特色，形成竞争优势；另一种是纵向对比，主要与自身比进步，挖掘内在潜力，不断超越，实现自我价值。

◎ 当今，有一种最佳的学习方法是体验式学习。看到的信息，只能记得百分之十；听到的信息，只能记得百分之二十；而体验过的信息，能记得百分之八十。由此可见，体验式学习对人的影响是长远的。

◎ 从物理世界到数字世界是两个不同维度的世界。首先，要升维思维，将物理问题升维到数字问题，高维思维更清晰；然后，要降维行动，用降维的办法解决实际问题，降维变得更简单。升维思维与降维行动结合，形成闭环。

◎ 平台是不断进化发展的。传统经济为单边平台产生规模效应，但规模经济的边际效应是递减的；互联网经济为双边平台，产生网络效应，网络经济的价值是倍增的；数字经济为多边平台，产生生态效应，生态是全新业态，其价值是呈指数型增长，多边平台是生态型经济。

第117讲　工厂大脑

商道案例

在阿里巴巴的支持下，无锡雪浪数制公司研发"工厂大脑"项目，通过工厂中所有数据的互联互通，将各个系统集成构造"工厂大脑"。选择兆丰轴承公司作为试点，取得了初步成效。这不仅有效地解决长期困扰的异音检测难题，而且生产效率提高50%以上，取得可观的效益。

点评

"工厂大脑"是新生事物，试错是必然的要求。企业数字化转型有难度，但不敢转型难度更大，可能会被时代抛弃。

管理论语

◎ 零工经济是新的就业方式，随着数字经济的发展，个体的价值不断上升，中国零工人数达到2.5亿人，在互联网上工作的人数已超过5000万人。与此相应的就业模式是"大平台+微组织"，平台主要是赋能，提供公共服务和相关管理，成为全新的就业组织。

◎ 未来数字工作者都会配备一个新的智能终端，即模仿人类执行任务的软件实体，学名为RPA（个人智能助理）。企业级应用RPA实现机器人流程自动化，使每个员工都配备一个机器人。通过"RPA+AI"的组合，将使人与人工智能实现和谐合作。

◎ 从微观与短期来考察，事物是无序的、不确定的；从宏观与长期来考察，事物是有序的、确定的。所以，不要被微观的无序和短期的不确定所干扰。长期的趋势是有规律可循的，短期的障碍和曲折不会改变长期的趋势。

◎ 在人的认知层面上有两种意识：一种是"有意识"，一种是"潜意识"。"有意识"仅占5%，"潜意识"占95%。这正如冰山一角，看不见的"潜意识"在冰山下面。"潜意识"正在操控人生，决定其命运。激发"潜意识"能量，关键在于不盲目、不畏惧、不自我设限、勇于超越自己，使"潜意识"充分发挥作用，达到意想不到的效果。

第118讲 优势融合

商道案例

传统金融与互联网金融不是对立的,而是优势互补相互融合的。中国进出口银行与新网银行紧密合作,相互发挥优势,为小微企业精准助贷,有效解决了融资难、融资贵的长期难题。传统金融与互联网金融联合具有五大优势:一是依托大数据和算法模型精准评估风险;二是全流程线上自动运作;三是无人工或极少人工干预;四是快速审批放贷;五是降低融资成本,成为一举多得的创新典范。

点评

互联网企业与传统企业要消除对立思维,不是各自单独发展,而是相互发挥优势融合发展,开辟一条"双赢"的创新道路。

管理论语

◎ 新工科教学不是应试制方式,而是项目制方式。围绕实际项目由学生组成团队,教师参与团队,边实践边教学,一方面使知识内化于心,一方面产生实际成果。这样做的目的是培育新型人才,激发学生兴趣,实现自主教学。

◎ 数字化技术投资的回报率,大大高于其他投资的回报率。数字化技术投资每增加一美元,带动GDP增加20美元;其他投资每增加一美元,带动GDP增加3美元,即数字化技术投资的投资回报率是非数字化技术投资的6倍多,这是数字化技术的巨大成功。

◎ 传统营销与互联网营销的效率相差颇大。这是因为传统营销主要靠层层批发渠道,而互联网营销主要靠网络与社群,离消费者购买层级关系较少。

◎ 物质资源与数据资源是两种不同属性的资源:一是物质资源具有独占性,数据资源具有共享性,数据为大家共享后自己仍能使用;二是物质资源将逐步贬值,数据资源将不断增值,数据越用价值越大;三是物质资源将越来越少,数据资源将越来越多,每两年全球数据资源翻一番,数据资源呈指数级海量增长。

第119讲 智能餐饮

商道案例

海底捞正在打造智能餐饮饭店，集中体现三大方面的智能化：一是服务智能化，应用机器人代替洗菜、配菜、传菜、洒水、配送等服务；二是监控智能化，在店内的监测大屏上，实时看到每台机器的操作情况，监测菜品的剩余数量，并及时处理；三是等位智能化，建立超级餐区，设有超大型影院级巨幕投影屏，顾客用手机扫码和其他等位顾客一起玩游戏，在社会上引起轰动效应。

点评

智能化无处不在，传统产业智能化不但能改变企业的生产方式，更可喜的是改变了人们的生活方式。

管理论语

◎ 数字产业并不都是数字化企业，许多软件企业实际上也是传统企业。数字产业要"双向数字化"：一方面为传统企业的数字化服务；另一方面提高自身的数字化能力。数字化企业的核心是"以数据来驱动业务"。

◎ 想成功就要让错误来驱动，一个永不犯错的人是不会尝试任何新的事物的。错误并不等于失败，发现错误是向成功迈了一步。机器学习就是不断试错、快速犯错、快速纠错、快速迭代、快速优化，直至成功。

◎ 从消费互联网到产业互联网有根本的区别。消费互联网以流量为王，现在流量越来越难获取，成本也越来越高；产业互联网以数据为王，数据是自动生成的，数据越来越多，有价值，成本越低，智能越优。

◎ 家长要善于发现儿童的天赋，有目的地加强培养。儿童的天赋主要表现在四大方面：一是观察能力强，观察能力帮助儿童获得大量信息；二是想象能力强，想象能力使儿童创造力丰富；三是语言能力强，语言能力增强儿童的社会交往机会；四是动手能力强，动手能力体现儿童的实践成果。

第120讲 无形价值

商道案例

20世纪80年代，无锡一家机械设备公司从德国进口一台精密仪器。这台仪器到达海关时，负责商检的人员不同意进关，理由是这台仪器又小又轻，而价值需100万美元，认为上当受骗了。为此，公司请德国工程师和中国相关专家到海关验证。德国工程师说这台仪器硬件部分仅占总价值的5%，95%是看不见的软件包，无形价值大于有形价值。中国专家也同意此鉴定，至此商检人员才准予进关。

点评

软件与硬件具有不同价值，硬件是标准化的，成本相应较低；软件是个性化的，创造成本较高。软件价值远远高于硬件价值。

管理论语

◎ 当今，研发者、生产者、投资者、经营者、消费者等之间的边界逐渐消失，一个重要趋势是越来越多的消费者成为消费经营者，通过"社群化传播"实现"精准化营销"，反过来影响研发者和生产者，进而指导投资者。

◎ 新电商平台正在走向以开发设计为龙头的新模式。电商通过大量消费者数据获得订单，一是引导开发设计者，进行定制设计；二是组织生产加工者，进行小规模生产；三是指导供应和物流进入生态系统，实现全链条的数字制造。

◎ 碳基文明是生命进化的文明，由自然界中碳元素逐步进化而来。生命进化的机制是自然选择，生命与环境在相互适应中形成。硅基文明是机器进化的文明，由自然界中硅元素人工制造而来。机器进化的机制是机器学习，由机器应用数据和算法自主学习形成。

◎ 机器在计算能力和感知能力两方面将超过人类，但在认知能力方面还远不能与人类比肩。因此，人类要发挥认知能力方面的优势，增强不被机器智能替代的能力。这方面的能力主要是五大能力：想象力、创造力、归纳推理能力、演绎推理能力和解决问题能力，从而使人类更好地与机器协作。

第121讲 轻资产经营

商道案例

香港铜锣湾是全区的商业中心，需要多个销品茂（MALL）。国外建设 MALL 是从买地开始，然后通过规划、设计、施工、招商等，需要大量资金，建设周期漫长。铜锣湾公司独辟蹊径，以规划和招商为 MALL 的突破口，通过专业化分工，吸引地产商、房产商、供应商等合作打造 MALL，取得了意想不到的成效，投资回收期从 5～10 年缩短到 18 个月。铜锣湾主要利用规划和招商的优势，走出一条轻资产经营之路。

点评

轻资产经营是商业模式的创新，其秘密在于充分应用优势资源和能力，分散整合社会资源，以最少的资本实现企业的快速扩张。

管理论语

- 社交营销蓬勃掀起，其关键是做好自媒体，强化用户体验，主要工具是直播和短视频。社交营销的经营主体有两大类：一类是网红，通过直播带货取得互动效果；另一类是微商，通过制作短视频在社群中传播与用户互动。
- 企业管理是不断发展的，业务管理是必需的，现在需要重视的是企业关系管理。企业关系管理主要有客户关系管理、供应商关系管理、投资者关系管理、经销商关系管理、员工关系管理、政府关系管理等，从广义来说都是用户关系管理。处理好用户关系，主要是加强互动共享价值。
- 简单系统与复杂系统的处理方式是不同的。简单系统可以按计划执行，复杂系统要提高概率的优势；简单系统是问题导向，复杂系统是战略导向；简单系统关注内容为主，复杂系统关注机会为主；简单系统面向固定和不变性，复杂系统面向多变和不确定性；简单系统按规定办理，复杂系统要不断试错。简单系统仅是复杂系统的特例。
- 机器学习始终围绕目标，以目标导向，不是以问题导向。机器学习不怕问题，敢于试错。机器坚定不移盯住目标，用数据来学习，凡是数据接近目标的就为"1"，凡是数据离开目标的就为"0"，在不断试错中一步一步接近目标，最终实现目标。

第122讲 转换思路

商道案例

大英图书馆建设新大楼，要将图书从老大楼搬到新大楼，考虑雇用大量人员帮助转移。一位读书爱好者建议，将"搬书"转化为"还书"，不要雇用任何人。建议向社会发出通知：从即日起，大英图书馆免费，无限量向市民借阅图书，条件是"从老馆借出书，还到新馆去"。通知一出，市民纷纷前来借书，一星期内就将图书从老楼搬至新楼，没有雇用其他人，就是借用了社会力量。

点评

从"搬书"到"还书"，主要是转换了思路。许多事情就事论事是也许很难解决，但通过转换思路，或许能够迎刃而解。

管理论语

○ 领导力与领导权是两个不同的概念。领导权是外在的，只要在某个领导岗位上就赋予这个岗位的领导权；领导力是内在的，要靠自身的努力获得领导的能力。领导力的培育，一要不断学习，提高认知力；二要勇于实践，提升影响力和凝聚力。

○ 企业发展要坚持变与不变的基本原则。企业发展中首先要坚持不变的原则，这就是企业的愿景，包括使命观和价值观。同时要坚持变的原则，企业外部主要是新技术变革，新技术是企业发展的决定性因素；企业内部主要是新组织变革，组织变革是企业发展重要保障。

○ 事物最有价值的是最后的1%，这叫画龙点睛。最后的1%不是最高，也不是最大，而是"最适"，恰到好处，最适合的就是最好的。实现"最适"的关键在于"数"，定性与定量比，定量更重要，定量即找到"精准点"，数字化的作用就在于此。

○ 从财商的发展规律来看，晚富比早富更好，历史上许多富翁50岁以后的财富占其一生财富的80%～90%，如巴菲特、马云都是50岁以后积累了大量财富，占其财富的90%以上。晚富者往往靠自身的长期努力，通过积累而后发，这样的财富才扎实可靠。

第123讲　废寝忘食

商道案例

爱迪生是大发明家，有一天爱迪生做研究太过专心，竟然忘了自己是否吃过饭。有朋友戏弄他，说他已经吃过了，他信以为真，拍拍肚皮，满足地回到实验室继续工作。中国古代也有相关故事，大书法家王献之潜心写字，忘记吃饭，到肚子饿时，就将旁边的馒头蘸了墨吃，众人皆大笑。根据马斯洛需求理论，世界上仅有1%的人达到这个境界。

点评

废寝忘食是极致研究的境界，只有达到如此境界，才能做出超乎常人的伟大业绩。

管理论语

◎ 从实事求是到"实数"求是，将是新的发展趋势。所谓实事求是，指讲真话按客观实际办事方能成功。现在要将"实事"转化为"实数"，从"实数"中求得真理。数据思维是全新的思维，大数据最真实，最能反映客观实际。运用数据决策是科学决策，按照数据提供的解决方案才能达到事半功倍的效果。

◎ 在产品制造过程中，设计的价值处于主体地位。以成本为例，由于设计缘故占成本的95%，而工艺缘故仅占成本的5%；以品质为例，由于设计原因占成本的70%，而生产原因仅占成本的30%。设计产品为大众接受的就是好产品，"刚刚好"就是好设计。

◎ 生态价值是全新的价值，未来企业的新价值主要来自于产业生态系统。产业生态是个生命体，通过互相交构不断产生新价值和新物种。未来企业呈现两种状态：一种是自主构建产业生态系统，创造生态新价值；一种是加盟产业生态系统，分享生态新价值，生态系统价值共享。

◎ S2D是全新的平台模式，也就是平台面向开发者，为开发者赋能。针对一个产业平台提供数据库，提供公共服务，包括基础软件和工具，开放源代码为开发者连接使用，开发者生产最终产品和服务，平台收取服务费，并对优秀开发者进行投资，构建产业开发生态系统。

第 124 讲　数据最真实

商道案例

女生的游泳衣哪个省最好卖？根据大多数人判断，女生游泳衣最好卖的省份应该是广东省和海南省。一来这两个省在南方，南方人游泳多；二来这两个省开放度高，女生舍得买。事实却并非如此，根据淘宝、天猫、京东等大型电商网站的大数据分析，女生游泳衣卖得最好的省份是新疆和内蒙古。这样的结论令人难以置信，而事实确实如此。

点评

仅凭简单的逻辑推理是很难对事物做出正确判断的，只有数据分析才是真实、可靠的。数据大于逻辑，相信数据是真理。

管理论语

◎ 香港新世界创建"K11"超级生活空间，深受市民特别是 90 后新生代的喜爱。其特点有三：一是商业与文化的融合，嵌入大量文化元素，强化精神体验；二是生活、学习与工作的融合，组合生活、学习、工作众多场景实现一体化；三是虚拟与现实的融合，将数字世界与物理世界无缝连接。这适应了新生代的需求。

◎ 对于智能制造的模式，各国都有各自的模式。德国智能制造，重心在于物，主要是设备与机器的智能化；日本智能制造，重心在于人，主要是依赖人在智能化中的作用；美国智能制造，重心在于数，主要发挥数据的作用，应用工业互联网实现智能。最佳的模式是将人、物、数三者融合为一体。

◎ 定价有两种基本方式：一种是传统的成本定价法，价格做加法，即成本加上利润加上税收，这种定价方式越来越不适应市场的要求；一种是新型的价值定价法，以价值估算用户可接受的价格来定价，而成本要做减法，即价值定价减利润和税收。

◎ 人、自然界、数三者关系要理清。人是自然界的产物，自然界通过长期进化产生人类，人类与自然界相比是沧海一粟。数是自然界的根源，所有物质世界由物质、能源、信息构成。其中，物质是本体，能源是动力，信息是灵魂，而信息的源头是数，世界是数的。如果说实体世界是以人为本，那么整个世界是以数为本。数是宇宙间的通用语言。

第125讲　质量标准

商道案例

昆山好孩子是享誉国内外生产童车的知名品牌企业，企业对产品质量高度重视。好孩子公司曾与德国公司合作生产新产品，在产品标准上产生了不同意见。德国技术人员要求按新标准生产，中国技术人员认为在新标准与老标准之间有一年的过渡期，也可以按老标准生产，两者争执不下。好孩子公司董事长明确支持德国技术人员意见，停止老标准生产，尽快按新标准生产，其间的损失是必要的。由于率先按新标准生产，抢到大量新订单，走在同类企业的前列。

点评

新老标准体现了对市场的态度。率先搞新标准，虽然难度较大，但抢占了先机，快速得到市场的认同。

管理论语

◎ 任何商业的秘诀都在人心中，所以既要讲道理，更要讲故事，使人生活在希望里，这是商业的最高境界。未来一切商业竞争都是抢占"大众心智"的竞争，谁占领人心的制高点，谁就能成为金字塔最顶端的人，这是现代商业的核心理念。

◎ 所谓"一分为二"，应该从两方面来理解：首先在于"一"，世界上所有事物都联于一体，"一"为根本，不二法门；其次在于"二"，为了弄清楚"一"需要分为"二"，将事物分成不同的两个方面，所以两个方面始终连接在一起，相互作用相辅相成。

◎ 人工智能技术具有强大优越性，其应用已渗透每个企业和每个人。对于企业来说，人工智能是赋能，大幅度提高企业的效率及价值；对于个人来说，人工智能是释放，大幅度提升个人的潜能。人工智能将带来不可估量的智慧能量。

◎ 在产业数字化过程中，要形成"云管边端"完整的体系。其中，云是云平台，管是互联网，边是边缘计算，端是业务场景。边缘计算十分重要，这是基于场景的终端信息系统，既包括硬件又包括软件；这是计算系统，既接终端又接云端，成为新型的分布式计算。

第126讲　薪酬制度

商道案例

美国谷歌的薪酬制度是公平的。薪酬公平并不是说在同级别岗位上的人都拿同样的薪水，或是上下差不到20%。薪酬与贡献相匹配才能算公平，个人的薪酬之间应该有巨大的差距。在谷歌，两个做着同样工作的人产生的影响和所得奖励可达百倍之差。许多公司之所以留不住最优秀和潜力最大的员工，是因为他们对公平仅为简单的理解，不公平薪酬是最公平的薪酬制度。

点评

薪酬制度公平的根本在于薪酬与贡献相匹配，公平是制度的公平。

管理论语

◎ 人类文明是相互作用的，多种不同的文明在相互促进和相互哺育中不断进化，孤立的文明会逐步退化的。文明的作用方式有两种：一种是和平交流；一种是暴力冲突。在人类发展初期，以暴力冲突为主，随着文明程度的不断提高，逐步以和平交流为主。例如，当代的东西方文明应该和平交流，最终走向人类命运共同体。

◎ 企业最大的失误是投资失误。投资要把握好三个要素：第一是投资方向，这是最重要的决策，方向错一切皆错；第二是投资时机，方向对但时机不对，往往事倍功半；第三是投资质量，注重投资质量方能有好的回报。

◎ 企业投资效益决定于投资结构，将大量投资用于基础硬件，如土地厂房等，其产出效益必然下降；必须调整投资结构，将投资主要用于核心软件，包括品牌、研发、设计、人才等，其产出效益必将大大提高。

◎ 未来应培育"数字公民"，关键在于"提高数商"。所谓"数商"是数字智能商值，即DQ。数字智能是新一代的核心能力，融合身体性技能、认知性技能、情感性技能为一体，使每一个体成为具有终身学习能力的技术价值主导者和创造者。未来是"数字公民"的天下。

第127讲 下蛋母鸡

商道案例

海底捞公司对管理者的考核，一个总指标是使80%直接下属的能力在一定时间内得到提升。能下蛋的母鸡才值钱，在海底捞能培养干部的干部晋升得最快。有些店长兢兢业业，每天都早来晚走，可是做了店长好几年培养不出能当店长的干部。这种店长只能自己干，不会用人和培养人，大家跟着干，没有大出息，不是辞职，就是调到别的店。海底捞需要会下蛋的鸡。

点评

企业管理者要求出两个成果：一是物质成果，为企业创造好业绩；二是人才成果，为企业培养接班人。

管理论语

◎ 数字化应用有两大动因：一是外部解决用户，二是内部解决成本。数字化解决用户主要在于：一方面精准满足客户需求；一方面精准获得新的客户。数字化解决成本主要是通过经营管理的高效化与协同化，有效地解决低效及浪费。两大动因的实现机制是为数据与算法提供智能化的解决方案。

◎ 创业公司既要有爆发力又要有持久力。创业公司在初创期突破了从0到1的阶段，具有很强的爆发力使得企业迅速成长。然而一旦上市，公司往往发展缓慢，甚至停止生长，缺乏持久力。企业发展战略要建立长期主义，培育持久力，关键在于持续创新。同时，企业要建立第二曲线，保持其持续增长。

◎ 产品销售不是把产品卖给顾客，而是帮助顾客买产品。所以，人们在销售中问比说更重要，只有不断地问，才能准确把握顾客的真实需求和潜在需求。说是给顾客卖产品，问是帮助顾客买产品，两者的出发点和效果是完全不同的。

◎ 企业决策者要重视决策距离的效应。当局者迷，旁观者清。当决策者与决策问题有一定距离的时候，往往有助于人们做出理性判断。"决策距离"包括时间距离、空间距离和社会距离等多个方面，通过运用"决策距离"，努力达到优化决策的良好效果。

第128讲　从新定义公司

商道案例

美国谷歌公司提出从新定义公司，其核心理念是"公司以人才为本"，主要体现在两大原则：第一，招聘人才原则，谷歌要求每个部门招聘人才一定要招比自己高的人才，这样使人才素质越来越高，聚集全世界最优秀的人才；第二，考核人才原则，改变传统的从上至下制定目标的KPI（关键业绩指标）方式，采用自下而上自定目标的OKP（按类个别生产）方式，极大调动人才的积极性和创造性。这两条原则都是要求人才更好地创造客户价值。

点评

人才是企业创造价值之根本。从新定义公司就是要将人才放在核心地位，聚集天下创业精英。

管理论语

◎ 信息有多种表现形式。例如，老子的"道德经"，可以是竹简形式，可以是丝帛形式，可以是纸张形式，可以是光盘形式，也可以是软件形式，这说明物质载体仅是表现方式，其本质是信息。所有物质的根都是信息，而信息的根是数字。从这个意义上讲，世界的本源是数，数是最深层次的。

◎ "人人对人人"是全新的经营模式，即E2E模式。企业经营从企业为中心到个人为中心，将发展到人人相结合，即消费者、客户、企业员工都是积极参与者，其中消费者为核心，各个方面相互协同，形成共同创造价值的生态系统，这是企业经营的新发展。

◎ 互联网最大的优势是"互"：第一是互联，通过互联克服孤岛效应，实现信息共享，资源互用；第二是互通，不同元素之间的互通就能发现新的商机；第三是互动，众多元素相互作用，在互动中创造新的价值，从而实现互赢。

◎ 新经济中拥有多少资源并不重要，重要的决定因素是在两个网络中的位置：一是企业在用户网络中的位置，贵在主导用户网络；二是企业在产业生态网络中的位置，处于产业生态的核心地位。

第129讲　接受阵痛

商道案例

美的集团是享誉海内外的著名家电企业。从传统企业走向现代企业过程中，美的集团进行了一系列重大变革，从引进职业经理人实现所有权与经营权的彻底分离，到率先数字化转型升级等都走在同行的前列。在企业变革过程中，最大的考验是接受阵痛。其中，有一两年经营业绩下滑，美的顶住各方面干扰，坚定不移进行变革，终于在几年后突破拐点，经营业绩大幅上升，再上新的发展台阶。

点评

企业转型升级是打破传统平衡建立新的平衡，势必要接受阵痛，这是企业实现进化必须付出的代价。

管理论语

◎ 企业 CEO 的出身是不断变化的。CEO1.0 是生产出身，产品供不应求时期，负责生产的最为重要；CEO2.0 是营销出身，产品供过于求时期，负责市场营销的最为重要；CEO3.0 是管理出身，企业微利时期，负责财务管理的最为重要；CEO4.0 是科技出身，用户为主导时期，负责科技新品的最为重要。

◎ 科技对经济增长的作用是最强大的，永远是人类经济发展的钥匙。科技的作用主要体现在两大效应：一是技术效应，凡是技术进步，就能产生全新的价值，使经济不断增值；二是配置效应，科技对资源配置起到优化作用，这对经济增长产出的价值远远大于技术效应。

◎ 对于现代消费者来说，商品的功能性仅为基础价值，而商品的情感性却是核心价值。对消费者表达情感体现在两方面：一是对物的情感，就是商品在使用的基础上要有温度体验，令人心动；二是对人的情感，就是在为人服务上下工夫，令人感动。所以新型消费的核心是经营情感。

◎ 在工业时代，资本是相对稀缺的资源；在数字时代，最稀缺的资源是最具创意性的思想和最具创造性的个体。现代资本的一大创新就是同股不同权，采取二元股权结构，将部分权利让渡给最有创意性思想的人才，让人才不断去创造，去创新。

第130讲 人性化体验

商道案例

上海某连锁酒店经营有方，该酒店最大的经营特色是人性化体验，深受顾客的欢迎和喜爱。一是建立信息化控制系统，根据顾客需求控制空调温度、供水热度、灯光亮度等，全部实现自动化控制；二是顾客从房间外出，再返回房间时均已整理一新；三是老顾客的餐饮习惯记录备案，为顾客提供喜爱的食谱，从而实现顾客的人性化体验。

点评

体验已成为顾客的首选需求，体验好才有购买的欲望，人性化体验就是要让顾客开心和快乐。

管理论语

◎ 在现代生产中模块十分重要，模块是相对独立的，在整个生产体系中有不可替代的作用。模块有两大价值：一是模块作为任务，可以独立进行生产，形成组合价值；二是模块作为功能，可以独立进入使用，产生商品价值。

◎ 根据麦肯锡的调研报告，网络零售每100元的交易中，有61元是从线下转移到线上的，39元是由互联网平台创造的。同样的投入，线上产出49.6元，线下产出12.5元，线上效率是线下效率的约4倍。新技术大大拓展了市场边界，大量的长尾效应需求被激发出来。

◎ 数字产生是在比特世界中，重构原子运行轨道的创新，实施从"试验验证"到"模拟择优"的升级。从物理世界到数字孪生的基本原则是：相互映射、实时交互、高效协同。通过状态感知、数据分析、科学决策和精准执行四个环节，帮助人们进行描述、诊断、预测和决策。

◎ 硬件与软件的特征不同，硬件解决资产的通用化，遵循规模经济，提高硬件可大规模生产标准化产品，降低生产成本。软件解决产品的个性化，遵循范围经济，丰富软件可改变同质产品，提供多样化产品，满足多样化需求。硬件通用化和软件个性化是统一的。

第131讲　第一因素

商道案例

南京有家大型商场做顾客调研报告，工作人员在商场门口发放调研表格，征求顾客意见，一周收到很多反馈意见。在调研表格中最重要的内容是："影响您购买的第一因素是什么"。按照企业常规意见，他们往往认为是产品质量、商品价格、商品包装等，但大多数顾客反馈意见是"影响购买的第一因素是服务员的态度"，这个结论让人出乎意料。

点评

企业想法与顾客意见有时会不一致。服务员的态度是影响顾客购买的第一因素。

管理论语

◎ 解决业务的不确定性要依靠数据。业务是表层的，信息是里层的，数据是底层的，数据能从深层次解决业务问题。数据应变不确定性主要有两大机制：一是数据流动，通过数据流动驱动业务流通；二是数据转换，将不确定性转化为确定性。

◎ 数字时代要实现"三个高于"：一是数据高于业务，业务中的难题能够转化为数据来解决；二是客户高于产品，从生产的规模经济转化为客户的规模经济；三是人高于物，以物为本转化为以人为本，人的创造性是第一位的，关键在于挖掘人的潜在价值。

◎ 数据驱动业务是新的生产方式，其本质是数据的自动流动。通过数据模型，将正确的数据在正确的时间，以正确的方式传递给正确的人和机器。数据驱动业务的基本路径是机器学习，实施小步试错、快速迭代、持续优化，最后实现智能化。

◎ "Z世代"是指95后和00后的新生一代是出生在数字时代的全新一代。"Z世代"具有鲜明特征，主要是"踌躇满志、注重体验、个性鲜明、自尊心强，愿意追求尝试新生事物"。"Z世代"将成为未来中国新经济、新消费、新文化的主导力量。

第132讲　变道交通

商道案例

连云港市对上下班人群进行了大数据分析，在城市出入口，上班时进城的人数大大增加，下班时出城的人数大大增加，这两个时间点拥堵比较严重。如何在不增加道路面积的前提下，解决人们上下班的拥堵难题？为此，连云港对城市出入口采取变道措施：上班时将隔离带向进口处扩移，下班时将隔离带向出口处扩移。采用人工智能技术自动变换隔离带，有效解决了人们上下班拥堵的难题。

点评

变道交通应用大数据和人工智能技术，在不增加道路面积条件下，巧妙地解决交通拥堵。

管理论语

◎ 每一次经济危机都要经历一次企业大洗牌，优胜劣汰。在洗牌过程中有两种企业得以发展：一种是实力强的优势企业，通过并购加快壮大；一种是灵活性强的新生企业，以变应变脱颖而出。民营企业就是在危机洗牌中成长发展的。

◎ 大企业家概括起来具备四大特质：一是根据目标找资源，而非根据资源定目标；二是将工作当成自己的生命去热爱；三是遇到困难不退缩；四是埋头做事，为而不争。

◎ 经济新的分类为三类：研发型经济、实体型经济和服务型经济。随着新科技革命的加速到来，科技创新显得越来越重要，研发型经济将成为整体经济的核心和发动机。研发型经济需要不同的理念和机制，关键在于新的制度创新。

◎ 从技术革命到产业革命是一个产业化的过程，主要存在四方面：一是科技成果的转化机制要有相应的制度创新；二是市场规模的充分发育，新科技要有用武之地；三是人才素质的提高，具有与新技术匹配的人才；四是新的基础设施，是提高新技术发展的保障。

第133讲 预见未来

商道案例

杭州市举办"预见2050年"大会，大会平台呈现两点：一是畅想未来，有的已将预见未来做成模型，如用氢能制造无人机等；二是跨界交流，许多奇特预想在跨界交流中相互协作，产生全新的产品。例如，有两个公司仅一路之隔，一个搞航天卫星，一个搞航空飞行，通过沟通交流，设想建立航天航空互联网，从而实现跨界合作。

点评

人类最大的优势是想象力，发挥想象力需要平台，在平台的生态系统中不断创造新物种。

管理论语

◎ 创新教学主要有两方面：一是创新思维，要求学生学会求异思维和发散思维；二是创新能力，要求学生增强动手能力和解决问题的能力。

◎ 新生一代热衷于"二次元文化"，逐步形成"同好"，即志同道合之人的互称。彼此之间敞开心扉坦诚相待，构成小型社群，自娱自乐，实现"圈地自萌"。从"二次元文化"发展"二次元人群"，"二次元"将成为时代潮流。

◎ "Z世代"发展趋势越来越大。"Z世代"消费体现在求异需求，其理念为："每个人都是独一无二的"，崇尚个性化的、独具特色的、体验炫酷的、相对稀缺的产品和品牌，概括起来就是"选我所爱"。

◎ 从机械理论到量子理论是人类认识世界的革命性变革。量子理论认为宇宙是整体的、深层次联通的自主组织系统。宇宙可以通过反复试错来探索未知，在自组织中实现不断进化。量子理论对于21世纪人类发展起着决定性作用。

第134讲　协同文化

商道案例

微软公司创造了优秀的软件品牌。当年，萨提亚·纳德拉上任时，他发现微软的创新能力在下降，主要原因是过分强调个人业绩和竞争能力，导致组织内部缺乏合作。为此，公司从建设"协同文化"入手，倡导建立"同理心"，鼓励员工跨部门合作，从而提升组织创新能力。例如，"黑客马拉松"，依托创新项目招募跨部门跨领域的员工参加，共同进行产品创新。仅一次"黑客马拉松"大赛中，就有超过1.2万员工发起3000个创新项目，取得大量创新成果。

点评

发挥个人和小微组织的作用是创新的重要基础，跨部门跨领域的协同合作对创新起决定性作用，创新需要"协同文化"。

管理论语

◎ 松下幸之助的用人之道是70%原则，"70分人才"具有众多优势，包括积极向上的发展动力，更加忠诚于公司，更容易融入团队等。

◎ 数字化对于工业来说是新工业化。新工业化要解决两大问题：一是提高存量效率，传统工业积累大量低效存量，要通过数字化降本增效；二是创造新增因素，传统工业需要创新发展，数字化创造大量新产业、新模式、新业态。这两项任务必须由数字化来解决。

◎ 人对自己要发自内心的相信。人的心与耳之间，意识与躯体之间，存在着奇异而隐秘的有机联系。生理会引起心理的变化，心念更能导致生理的改变，所以人的身体拥有强大的自我修复能力、自我疗愈能力、自我适应能力、自我觉醒能力和自我救赎能力。

◎ 企业发展中协同文化十分重要，协同文化正在不断发展：一是由办公协同向业务协同发展；二是由人与人之间的协同向人与机器协同发展；三是由企业内部协同向产业链协同发展。所有协同都要建立在数据基础上，用数据通过软件和算法来实现协同发展。

第135讲 复盘价值

商道案例

晚清名臣曾国藩为清朝立下汗马功劳，他的习惯是：每做一件事，不管成或不成，都会进行复盘，其家书中大多是他对自己遭遇的复盘心得。他常说自己资质不好，只能通过复盘来不断进步。曾国藩的复盘有三条原则：一是回顾目标，每事做后对照当时定的目标进行比对；二是分析原因，无论对错都要从根本上找到原因；三是提炼经验，将复盘中的认知形成经验教训，这些都是极好的借鉴。

点评

复盘的价值在于不断成长，通过保持优势，弥补劣势，将今天的峰值变成明天的常量，实现持续成长。

管理论语

◎ 企业发展要突出"核心"：第一是核心产品，专注于创造重要价值的产品；第二是核心技术，具有自主知识产权的独特技术；第三是核心客户，与品牌客户长期合作。三个核心的不断创新是企业发展的根本之路。

◎ 在现代生产中模块十分重要，模块是相对独立的，在整个生产体系中有不可替代的作用。模块有两大价值：一是模块作为任务，可以独立进行生产，形成组合价值；二是模块作为功能，可以独立进入使用，产生商品价值。

◎ 从市场的角度来看人才，首先要从"秀才"变成人才，"秀才"主要有知识，而人才是要有能力，这就要把知识转变成能力。然后，我们要从人才变成"财神"，人才有能力，但是能力要转化为财富，成为能创造财富的人才。

◎ 成功有两大效应：第一是杠杆效应，杠杆的原理是"快"，杠杆之快是借力。第二是飞轮效应，飞轮的原理是"慢"，巨轮起飞需费力，让静止的轮子转动，就要花"笨"功夫。两个效应一快一慢为企业成功打下基础。

第136讲　经验来自过程

商道案例

经验并不来自结果，而是来自做事的过程。某公司有两名实习生都被安排扫描文档，甲实习生忍着心中的不满，每天用扫描仪一页一页地扫，干了三天总算按时完成任务。乙实习生没有着急扫描，而是上网查询自动扫描工具，很快找到了一款不错的软件及工具，只用半天就完成了任务。这两个实习生同样完成任务，但因为做事过程不同，其积累的经验就有天壤之别。甲实习生积累一个机械重复的经验，一个经验可用十年。乙实习生积累一个应用各种自动化的经验，一年可积累十个经验。

点评

经验来自过程，同样的结果获得的经验是不一样的。从这个意义来看，过程比结果更为重要。

管理论语

◎ 人工智能的实现有两种方式：一种是逻辑方式，让机器人学习人类的逻辑思维；一种是模拟方式，让机器人从模拟中学习人类的行为。

◎ 区块链是分布式数据库，维护不断增长的数据记录，不可篡改或修改。区块链是用户生产的DNA序列，可以不断增长，每次添加的新信息都会闭锁，只有用户允许才能加入新信息，已成为一种有效的加密和信任机制。

◎ 新制造的发展会实现两大新趋势：一是新制造与新零售的结合，新零售赋能新制造，实现销产供全链条的数字化；二是制造业与服务业的结合，新制造从设计到客服全过程实现数字化，两个结合的核心是数据。

◎ 现在社交与电商在相互融合。阿里巴巴电商向社交发展，腾讯社交向电商发展，美国脸谱社交向电商发展，亚马逊电商向社交发展。社交平台是以人为本，电商平台是以物为本，人为主体向物发展比较容易，所以社交平台与电商平台融合相对较快获得成功。

第137讲　正面与负面

商道案例

上海有个自助餐馆，每人收费30元，比别的餐馆少10元，由于价格比较低，来吃饭的人就较多。但老板发现一个问题，顾客取菜多而且剩的也多，造成大量浪费。为此，老板采取措施，对剩菜多的顾客罚款10元，却仍未解决问题。于是老板采取措施，先将收费提高到40元，同时对不剩菜的顾客奖励10元，很快收到满意效果。这样既解决了剩菜浪费的问题，餐馆也相应降低了成本。

点评

制度是软实力，机制变革具有决定性效果。制度应该是正面的，尽量避免负面的，奖励总比惩罚好。

管理论语

◎ 人的勤奋有两种：一种是高质量的勤奋，一种是低质量的勤奋。关键在于科学选择，我们一定要搞准发展方向，方向错了，越勤奋效果越差，这就是低质量的勤奋。人们不要用战术上的勤奋掩盖战略上的懒惰，低质量勤奋比懒惰更可怕。

◎ "对立统一"的关键不在于"二"，而在于"三"。双方对立的"二"如何达到统一，必须由"三"来实现。"三"即第三方，通过第三方来协调对立的双方，使双方融为一体。我们通过第三方来解决双方关系的变化，达到新的平衡。从这个意义上讲是"三生万物"。

◎ 根据创新资料分析：资本对创新的贡献率仅为20%，科技对创新的贡献率达到80%。在所有新技术中，数字技术在创新中贡献率占到80%，其他如生物技术、材料技术、能源技术等在创新中的贡献率仅占20%。这充分说明了数字技术对创新的引领作用。

◎ 在大变革面前，不管是地区发展、产业发展还是企业发展，都在重新洗牌。关键在于创造新的价值：一是服务化，产品是基础，新价值在产品之后，"1+N"即1为产品，N为服务，服务创造主体价值；二是数字化，数字技术赋能实体企业，使实体经济价值倍增；三是平台化，组织创新的大趋势是"大平台+自组织"，由员工自行组织经营单元，直接面向用户，最大限度发挥员工的价值。

第138讲 长期主义

商道案例

美国亚马逊公司贝佐斯是长期主义的典范,其主要方式:一是战略定力,始终以客户价值最大化为经营宗旨,以此改变世界;二是长期规划,企业制定七年至十年规划,以长期发展为根本;三是值钱企业,打造市值高的值钱企业,而不是赚快钱的企业。

点评

战略利益永远大于商业利益,长期主义产生较大价值。

管理论语

◎ 著名咨询机构曾对101家创业失败的公司进行了分析,写出"创业死亡"报告书。其中,创业失败最主要的三大原因:一是市场不需要,占比重为42%,创业单纯出于兴趣而不是市场需求;二是缺少现金,占比重为29%,现金耗光无法正常运转;三是团队能力不行,占比重为23%,创始团队单一,创始人缺乏统帅能力。这三项失败原因总计占比重94%。

◎ 伟大企业家都有一个共同的特质就是成为学习型企业家。通过学习成就三大优势:一是优化基因,将原有基因中的消极因素转变为积极因素;二是科学决策,随着知识结构的优化提高决策水平;三是带动效应,企业家带动企业团队学习,使之成为优秀的学习型组织。

◎ 核心技术与商业模式同等重要。核心技术为企业发展之根,任何时候都不能忽视。商业模式为企业获利之源,好的商业模式才能将核心技术转化为商业效益。现在商业模式创新已经成为关键,最大的模式创新就是从企业本位转化客户本位。

◎ 许多企业在发展中有个奇怪现象:企业在困难时期一般不会垮掉,因为决策比较谨慎,少犯错误;企业在顺利时期反而会垮掉,因为盲目扩展,或是低水平重复,或是人才与管理脱节造成投资决策失误,这是企业做大时的经验总结。

第139讲 求异思维

商道案例

在一所小学里，某位学生写了几个等式：1+1=1，1+2=1，3+4=1，5+7=1，6+18=1……许多学生都答不出来。这位学生说很简单，就将等式依次写：1里+1里=1公里，1个月+2个月=1个季度，3天+4天=1周，5个月+7个月=1年，6小时+18小时=1天，利用求异思维还可以写更多的等式。大家看完都觉得不可思议，但转念一想，确实很有道理！

点评

每种事情都有多种解决方法，关键在于利用求异思维，创新来自于求异。

管理论语

◎ 创业者与投资者需要有同一的价值观。现在许多情况是：创业者的目标是企业的持续发展，而投资者的目标是尽快变现，两者的价值取向不一致。解决之道是增加创业者话语权，实现同股不同权，确保企业长期稳定发展。

◎ 企业的发展要从利益共同体走向事业共同体，这是两个不同层次的价值观。利益是基础，无疑是重要的。如果仅是利益共同体，企业是走不远的。现在要发展事业共同体，企业的领导团队和员工都要围绕企业发展的共同事业协同奋斗，全力将事业发展好，利益就有保障。

◎ 3D打印即增材制造实现个性化定制，通过增材制造网络进而增强数字产品的组合。增材制造行业需要共同创新，从产品到制造商、工程公司、自动化技术供应商到服务提供商，构建相互合作的全新商业模式。

◎ 创客文化是美国创新精神的集中体现，创客是创新发展的主体。围绕创客要提供系统服务，一是创客空间，解决工作场所；二是创客投融资，发展创投风投；三是创客资源，提供生产要素；四是创新能力，进行培训指导。

第140讲　职业经理人

商道案例

企业传承需要优秀的职业经理人，民营企业聘用职业经理人比较成功的要数美的集团。美的的主要经验是解决"两心"：第一，企业所有者要"放心"，美的老板董事长是资深的民营企业家，他在长期实践中考察职业经理人，在自己退休时果断地将经营权全部交给职业经理人，并放心让其独立经营；第二，职业经理人要忠心，忠于企业，全力以赴经营好企业，能够取得卓越的成就。

点评

企业所有者要"放心"，职业经理人要"忠心"。"放心＋忠心"是民营企业走向现代企业制度的必由之路。

管理论语

◎ 从网吧到网咖是新的创举。网吧是解决上网人员打游戏的场所；网咖是网络人员新生活的场所。在网咖里各种生活设施配套齐全，网络人员在这个场景中可以工作，可以学习，可以交友，可以娱乐，可以谈商务，深受网络人员的欢迎。

◎ 好的学习方法能促进教学更好发展。一是情景式教学，使学习更能激发学生的兴趣；二是试错式学习，提高学生解决任务的能力；三是想象力学习，提升学生的创造能力。这三种学习方式，有力地促使学生更加热爱学习。

◎ 城市化的发展，从限制大城市到培育小城市，现在到发展城市群，比较符合城市发展的内在规律。小城市的人口向大城市迁移是无法逆转的大趋势，关键在于中心大城市要提升发展能级，以带动周边城镇的发展。城市群要形成从中心大城市到中小城市再到城镇一体化的生态体系。

◎ 高效工作的关键有三大原则：一是确立最终目标，所有工作都要围绕最终目标展开；二是选择做正确的事，面向最终目标，做最有效能的事情；三是突出要事不做杂事，始终要做最接近目标的事。这三项原则的核心是朝着实现最终目标快速推进。

第141讲 驱动升级

商道案例

腾讯公司的发展驱动力大致经历三个层次：第一层次是机会驱动，早期的腾讯碰到什么赚钱就做什么，误打误撞开发了QQ；第二层次是战略驱动，中期的腾讯公司重视战略发展，占据一条赛道，将微信作为发展主战略；第三层次是信念驱动，将"科技向善"作为企业未来的发展方向，坚持这一信念，腾讯将走上全新的发展台阶。

点评

从机会导向到战略导向再到信念导向，企业发展的驱动力是不断升级的，这就是驱动力的进化。

管理论语

◎ 企业管理的对象要从管物为主转向管人为主。新的员工是新生代的知识员工，管理新的员工体现在两个方面：一是管好人的大脑，通过创新鼓励和全员培训，提升员工的创造能力；二是管好人的心灵，按照人性化的要求充分信任员工，提升员工的主观能动性。

◎ 数字红利已经成为企业发展的新红利，其客观机制主要来自三方面：一是数据集成，单一数据价值有限，将众多数据集成应用产生大的价值；二是网络协同，通过网络的互联互通，实现网络协同效应；三是算法智能，数据算法提供智能产品和解决方案。

◎ 农业时代为自然经济，分散配置资源，资源是个体的，使用效率较低；工业时代为市场经济，集中配置资源，资源总体上是独占的，使用效率较高；数字时代为数字经济，资源配置方式既集中又分散，资源是共享的，使用效率更高，更能精准发挥效益。

◎ "城市大脑"是城市的灵魂，其本质是将城市众多数据资源集成运营，呈现三大优势：一是以人为本，一切以人的需求来规划运营城市；二是以数为基，通过数据来配置和节约城市资源，努力实现时间和空间上的最优化；三是投资节约，大幅度节约城市建设投资。

第142讲　现场即市场

商道案例

某自行车工业公司接到一笔大额订单，客户要求现场参观，进入车间后看见一名工人正踩踏在自行车零部件上，整个车间杂乱无章。客户就此离开了工厂，大订单随之被取消了。

点评

现场即市场，搞不好现场，到手的订单也会取消。企业要将现场与市场连接在一起，才能为客户创造好的价值。

管理沦语

◎ 长命企业特别是百岁企业有两大经典特征：一是从扩大资产规模到充足现金流，资产规模难以变现是导致企业死亡的重要根源，唯有现金流方式使企业生生不息；二是从规模经济到价值经济，自始至终为客户创造价值。

◎ 大集团管控以人为管控走向数字管控，建立集团管控的云平台，通过数据组织五大共管中心：一是财务共管中心，集中管理集团的各项财务；二是人力共管中心，做好人力资源管理与培训；三是资产共管中心，协同监管集团的所有资产；四是安全共管中心，全力监管安全生产；五是考核共管中心，负责对各部门各分支机构的业务考核。

◎ 全球数字经济发展三大新趋势：一是平台化共享，全球竞争重心逐步转化为平台化的生态体系竞争，不断向共享化发展；二是开放协同导向，数字经济的创新呈现开放协同的发展趋势；三是新基建为基础，"云—网端"新基建替代"铁—公—机"老基建，基础设施转向数字化升级。

◎ 对问题和难题要有正确的态度，大凡突破性的成就是对问题和难题的解决。问题和难题是转机，转变态度极为重要，看起来难的事情其实认真做并不难，知难而进就是创新。

第143讲　新型供应链

商道案例

半导体芯片制造公司在新冠肺炎疫情中供应链受阻，为此重构供应链。新型供应链有三大创新：一是多元化，重要环节的供应商一般设 2～3 家企业，防止一家断供；二是本地化，供应地范围缩小，一般在本地区配套；三是数字化，要求配套企业数字化连接，将企业间的 ERP 打通，加强供应链的互通协同。通过"三化"创新，新型供应链成为企业的核心竞争力。

点评

供应链在企业经营中起到关键作用，打造新型供应链，既能保障企业连续经营，也能实现价值链优化升级。

管理论语

◎ 精益创业的基本原则：一是导向原则，从自我导向到用户导向，一切以用户为中心；二是行动原则，从计划为先到行动为先，行动就是好开端；三是试错原则，从理性预测到科学试错；四是聚焦原则，从全面出击到单点突破；五是迭代原则，从追求完美到快速迭代。

◎ 群体智能是人类大脑功能，每个个体都似一个神经元，大量个体连接成神经网络，信息通过个体网络按照规则处理，就形成类似大脑的功能。例如，蚂蚁群就是如此，每只蚂蚁力量是单薄的，大量蚂蚁组成网络群体，就具有群体智能，变得相当聪明。

◎ 企业管理先要做减法，在此基础上再做加法。先做减法就要尽可能去除无效的管理，管理组合越简化，企业管理水平越高。

◎ 未来企业组织方式是"大平台 + 分布式"。总部为大平台，主要建立智能云平台，尽量控制总部人员，强化对系统的依赖，通过云平台赋能服务全系统。所有业务为分布式组织，按照最优原则，在空间上分布在各方，集中应用数据的流通驱动业务的协同，实现整体最优。

第144讲　情绪化损失

商道案例

公司在实际生产中会遇到员工工作情绪化问题，因员工情绪化造成公司损失达数亿元。公司采取三方面措施：一是管理人性化；二是生产自动化；三是体系安全化。通过三项措施，可有效地解决情绪化影响，使公司取得较好的成效。

点评

企业面对员工情绪化，应从两个维度来解决：一是人的维度，提高人员的积极性；二是技术的维度，增加对系统的运用。

管理论语

◎ 区块链是生产关系的变革，体现在产权关系、分配关系和人与人之间关系三个方面，通过数字技术进行系统变革。生产关系的变革将推动生产力的发展，根据世界经济论坛的研究，到2025年，全世界GDP的10%都将基于区块链技术，这充分说明区块链是先进生产力。

◎ 联盟链是区块链技术在产业应用中的有效路径。联盟链的主要优势有：一是数据共享，以数据共享推动资源共享；二是业务优化，通过数据模型优化业务；三是成本降低，由数据流动排除大量浪费；四是商务协同，企业间打通数据实施协同；五是价值创新，数据资产产生新的价值。

◎ 智能的本质是以变应变，变化是不确定性的常态，现在变化呈加速度态势。智能对变化体现在两个方面：一是适应变化，以较快的速度反应变化适应变化；二是预测变化，在变化之前感知认知，提前做出反应来应变。智能是对变化的适应能力。

◎ 加拿大专家研究发现，追求完美程度较高的人比追求完美程度较低的人，死亡率高。这是因为过于追求完美的人，其目标"理想"难于实现时，会引起身心长期的焦虑，这是造成寿命短的原因。完美不是目标，而是不断努力的结果。

第145讲 "两合"并购

商道案例

某大公司为开拓国际市场，实施跨国并购。在并购过程中，该公司遇到两大"痛点"，主要是技术与文化。该公司的解决之道有"两合"：一是技术整合，由于发展阶段不同，国内与国际技术存在差距，而且还有不同技术路线的问题，努力将两者进行技术整合；二是文化融合，由于国情不同，企业文化存在差异，需要相互理解，逐步融合为一体。技术整合与文化融合是跨国并购的必由之路。

点评

在跨国并购中失败的案例很多，究其原因主要是在技术与文化两个方面的冲突，唯有"两合"才是成功之道。

管理论语

◎ 付出与回报之间存在着神奇的能量转换秘密，即一个人在付出的同时，回报的能量正通过各种形式向这个人返还，只不过在大多数情况下，自己浑然不知。一般地，付出后得到的回报将会产生"医疗作用"和"欢乐指数"，这些回报对人的自身心理和身体健康会带来巨大而深远的影响。

◎ 老一代企业家有三大特点：一是胆大，一旦看到商机，就勇敢尝试，胆大方有机会；二是吃苦，创业需要吃苦耐劳，勤俭为本钱；三是聪明，在长期实践中积累了商业智慧。这三条是老一代企业家的成功经验，也是新一代企业家的传承之宝。

◎ 现代企业需要"三家"融合：一是科学家，科技是第一生产力，科技人才是企业第一资源；二是投资家，企业发展需要金融资源和投资专家；三是企业家，科技与资本都需要企业家来运作和组织，实现商业价值。企业家、科学家、投资家三者相互融合，才能经营好现代企业。

◎ 产业发展有一般规律，最早的产业是农业，由于农产品需要交换，于是就产生了商业。随着需求，然后发展了工业，从轻工业到重工业逐步延伸；由于消费升级，科技创新成为必须，科创业应运而生。综合起来，产业发展的基本轨迹是农、商、工、科不断升级。

第146讲　洞察商机

商道案例

日本茑屋书店创始人偶然看到了一张图片，展示的是日本老龄化日益严重的现象，于是从中洞察到一个巨大商机。他决定为老年人创办书店：一是考虑到老年人对"死亡"问题更在意，书店专设宗教、哲学及传记等书籍的专区；二是考虑到老年人喜欢早起，将书店和咖啡厅的营业时间调整到早上七点；三是为让老年女性活得更加美丽，店内开设了美容院。结果可想而知，茑屋书店成了老年人喜爱的场所，并成为日本旅游观光的风景线。

点评

新的商机到处都有，关键在于善于洞察商机。

管理论语

◎ 技术发展的趋势是开放而不是封闭，现在开放"源代码"已成为常态，开源软件更为普及。技术开放有两大好处：一是技术越开放，用的人们越多，市场规模也越扩大；二是技术越开放，用的机会越多，数据也越多，迭代优化的速度就越快。

◎ 规模经济正在向三个方向发展：一是从生产规模向用户规模发展，进而向数据规模发展；二是规模经济向范围经济发展，多样化的产品与服务，满足人的多样化需求；三是从数量规模向价值规模发展，一切以价值最大化为导向。

◎ 人工智能有四方面要素，即数据+算法+算力+知识，其算法模型是知识与学习的结合。知识是逻辑推理，属演绎法，按照逻辑推理不断展开；学习是机器学习，属归纳法，按照数据训练逐步优化，知识与学习交叉互动，实现循环优化。

◎ 数字革命是历史性的大变革，其意义要从战略和战术两大方面来认知：从战略上看，数字化是颠覆，以业务为主导转向以数据为主导，是基础结构的大转变。从战术上讲，数字化是赋能，应从更高的维度上发展，从而跨上指数级增长的新平台。

第147讲　善做减法

商道案例

乔布斯第二次回到苹果公司进行大刀阔斧的改革，用了大约一年时间就让苹果公司摆脱了困境。乔布斯做了什么？他只是不断地做减法，让公司保留较为核心的产品。为此，乔布斯用MacG3（音频产品的型号）替代所有的台式机，裁掉5个经销商，将库存减少50%，随后又推出了智能手机iPhone。由于果断地切割和舍弃，迅速改善了公司的财务状况，从而让苹果公司起死回生。

点评

企业做加法较容易，做减法就较不易了。做减法就是筛选核心的产品，做减法需要勇气。

管理论语

◎ 新生代的二次元文化已成为时代潮流，中国有3.5亿人进入二次元社区。二次元文化有五大特点：一是二次元体现新生代的精神文化；二是二次元由数字技术赋权；三是众创时代有创意就能实现；四是虚拟社会网络化生存；五是自我认同寻求归属感，实现共享。

◎ 未来5G时代新的机会将实现"五化"：一是手机5G化，手机呈现更快的速度更多的功能；二是耳机智能化，智能耳机实现无线化和娱乐化；三是手表服务化，智能手表与智能手机同等服务体验；四是电视社交化，电视成为新的社交工具，提供新的服务；五是眼镜加速化，AR/VR眼镜进入更精彩的世界。

◎ 产业纵横时代已经到来，大的产业在向上游、下游或跨界发展，打造产业生态体系，增强企业新的竞争力。为此，产业资本正在互相渗透，优质上市公司之间互相持股或投资，基于产业生态进行布局，以加速企业向更好、更快的方向发展。

◎ 中国工业互联网平台，如海尔、航天云网、华为、树根、徐工等都是传统制造的龙头企业。这些企业懂专业技术，能够提供智能解决方案为行业中小企业赋能服务，这是无法比拟的产业优势。

第148讲 不断否定

商道案例

上海某科技园有位成功的创业者，当记者问他创业成功的最大秘诀时，他不假思索地说："不断否定"。他认为初心和愿景必须始终坚持，其余都要不断否定。一是产品和服务要不断筛选和调整；二是经营团队要不断更新和充实；三是商业模式要不断创新和改变。这位创业者的经历说明，创业理念和方向是不变的，创业的路径和方法是在不断否定中优化的。

点评

创业是一个不断试错的过程，不可能按原定的计划行事，创业的路径随时空而变化。

管理论语

◎ 文化有三个时代。前喻文化是农业时代，老年的长者最有经验，年轻人向年老人学习；并喻文化是工业时代，年老人与年轻人同步学习新的知识；后喻文化是数字时代，年轻人是数字世界的原住民，年老人应向年轻人学习，后喻文化大有可为。

◎ 对于钱的思维，一般人思维、老板思维、互联网思维都是不相同的。一般人思维：1元×1元=1元；老板思维：1元×1元=10角×10角=100角=10元；互联网思维：1元×1元=10角×10角=100分×100分=10000分=100元。这里的关键是将钱微粒化，分得越细，通过交互作用积分越大，产生价值也越高。

◎ 在一个高速发展的时代里，一个人要想成功，"借力"比"势力"重要得多。牛顿说过："我之所以成功，是因为站在巨人的肩膀上"。现在许多有"真材实料"之人最终都为别人所用，成为别人的资源，原因在于他的精力都限于自己的才学，而没有注意应用别人的资源。

◎ "人类纪"是地球发展的新阶段，7万年前智人作为新物种胜出，创造了地球的"人类纪"，由人类统治整个星球。智人之所以能主宰星球主要是相互连接合作，实现共同生活，从高的维度上发展人类。随着人工智能新物种的出现，从更高的维度上发展，将由人类与人工智能相互合作，创造"新人类纪"。

第149讲 大自然报复

商道案例

美国新奥尔良市为发展经济，进行大规模的国土过度开发。由于将一半以上的土壤变成水泥，每当下大雨，整座城市都被淹在水中，每年有三个月以上是被浸泡在水里的。至此，该市将水泥地重新恢复为土壤，消除了全市被淹的困境。

点评

经济和社会的发展要遵循自然规律，违背了规律就要受到大自然的报复，这样的教训应该汲取。

管理论语

◎ 根据阿里云提供数据，中国企业云用户2018年已达到37%，到2023年将达到60%以上。企业上云之后效果十分明显：平均成本下降50%，效率提高3倍，数据稳定性提高10倍，安全性提升50倍，总体效益倍增。企业上云用数赋智已成为必然选择。

◎ 随着人工智能的发展，人们对"工作"的含义将发生深刻变化：一是工作对象改变，工作从面向业务转为面向数据，主要是采集、识别、和使用数据；二是工作时间减少，由于机器代替人力，每天工作时间进一步减少；三是工作性质转变，工作的创造性大大提高，工作就是创造。

◎ 机器学习有两种：一种是监督学习，人们用设计好的逻辑训练机器，所以机器是被动学习，其功能是有限的；一种是自主学习，机器在数据学习中不断试错，自发生成优化方案，其功能将无限发展。

◎ 宇宙间存在三对要素，相互作用形成和谐的生态体系。第一对要素是能量与质量，质量是能量的载体，能量起主导作用；第二对要素是时间与空间，空间是时间的载体，时间起主导作用；第三对要素是数据与信息，信息是数据的载体，数据起主导作用。这三对要素最终统一于"数"，无中生有，都是0与1的关系。

第150讲　虚拟产业园平台

商道案例

浙江乌镇通过创新，建立了虚拟产业园平台。公司实行"网络注册，无界办公"，只要公司通过平台注册，无论在哪里办公，都可以享受乌镇的优惠政策。虚拟产业园集成产、供、销、人、财、物等服务资源，为进园企业提供众多服务，并实行价格优惠。虚拟产业园平台将产业链和价值链内在联系的企业，以及机构的虚拟空间集中起来，使整个产业园内产业更集聚、发展更良好。

点评

虚拟产业园地域分散、产业集聚，通过产业生态效应创造全新价值。

管理论语

◎ 精益管理的本质是简单管理（M2M）。其基本原理是：（1）简单原理，效率高的系统，可能是简单的系统；（2）组合原理，复合系统是简单系统集合而成的；（3）转化原理，简单系统的结果等于复杂系统的过程；（4）连接原理，关系是产业价值的根本，连接大于本体。

◎ 复合型人才方能解决综合性问题，现有两种复合型人才至关重要：一是专业与管理复合型人才，既懂专业技术又懂经营管理的人才成为较好的领导人选。二是专业技术与数字技术复合型人才，既懂专业技术又懂数字人才，将成为较适合的首席数字官。

◎ 种子与土壤的关系是相辅相成的。种子是核心，土壤是基础，优秀种子是决定性因素，优质土壤是关键性因素。政府主要是要解决好土壤，提供优质的发展环境。人才是种子，在优质的土壤上发挥更好的作用。政府要为人才发展赋能。

◎ 城市的发展呈现两大变迁。传统时代，煤炭、钢铁等资源城市是经济大市。如今，数字城市特别是数据资源集中的城市才是经济大市。关于经济中心城市，传统时代，工商城市是经济中心城市，如今，科技中心城市可能是经济中心城市。

第151讲　存量服务

商道案例

陕西鼓风机公司决定发展服务型制造业，将工业服务作为新的增长点。公司新开发设备全生命周期系统服务、工业改造服务、工程设计服务、节能服务等18项工业服务，服务队伍从最初的30多人发展到500多人，服务产值占总产值的比重从最初的3%提高到35%以上，不仅有效地满足了客户的新需求，同时也为公司创造了新价值。

点评

服务型制造业产品增量发展有限，而存量服务发展无限，每一个服务环节都是一片新的蓝海领域。

管理论语

◎ 吃苦是人生成长的道路，父母要舍得让孩子吃三种苦：第一，吃读书的苦，这是铺垫走向成功之路；第二，吃失败之苦，这是拥有强大内心之路；第三，吃缺钱之苦，这是使孩子知道珍惜生活的不易之路。父母应让孩子在吃苦中成长。

◎ 商业模式创新正在从以物为中心向以人为中心变革，新的商业模式是消费者为本位，从传统的企业主导消费者即B2C，转向以消费者主导企业即C2B。新的商业模式是以社群为渠道，传统的批发零售渠道正在逐步转型，微商和网红等的悄然兴起，尤其以直播带货为代表等已成为全新的热销模式。

◎ 从人工智能到人工自愈的全新发展，机器人发生故障需要人工自愈，主要是在没有人操作的情况下，赋予机器一个自愈机制。机器人自己判断自己调试，自采集、自认知、自决策，然后通过决策执行器来执行，人工智能让机器更加聪明，人工自愈让机器更加健康。

◎ 在数字经济时代，企业要发展成为客户运营商，实时监测，实时响应，实时满足客户需求。企业发展的三个维度：一是技术路线，从客户需求到生产经营，应用数据自动流动；二是商业模式，客户参与企业生产经营，共同创造价值；三是组织架构，建立客户社群与员工社群，两者要融合发展。

第152讲 设计定制

商道案例

郑州大信家具公司为客户设计定制智能家居产品，公司会根据客户的户型进行模块化设计，只需 10 秒左右就能设计出 36 张效果图，并生成二维码在手机中可供随时查看。公司同时会让客户全程参与设计，直至满意为止。在软件系统支持下，个性化设计图像可以转换成数字代码，经过计算优化形成最佳生产指令，通过物联网络传递到制造和配送平台，四天以后便可生产出来。

点评

设计定制既是个性化的，又是客户参与设计的。在整个定制过程中，数据起决定性的作用。

管理论语

◎ 当今，成功的企业家是具有工程师思维的商业领袖。例如，特斯拉汽车公司创始人马斯克就是兼有工程与商业的复合型企业家。他具备两大特征：一是从工程的原理思考电动汽车的技术可行性；二是从商业的角度思考电动汽车的市场可行性，从而将工程与商业进行了高度融合。

◎ 工程师思维有三类：一是结构思维，在没有结构的情况下，"预见"结构的能力；二是约束思维，在约束条件下，熟练地进行设计；三是取舍思维，在深思熟虑后，对解决方案和商选方案做出决断的能力。企业可应用工程师思维的三大法宝解决商业难题。

◎ 平台与用户的关系是不断进化的。1.0 阶段是交易关系，平台为用户搭建供需组合平台；2.0 阶段是服务关系，平台为用户赋能服务，交易成为自然的结果；3.0 阶段是股东关系，平台用股权奖励用户，使用户成为平台的股东，从而有效地留住用户。

◎ 思维分两类：一类是快思维，属于直觉思维，为无意识的非理性思维，准确性不够，容易有偏差；另一类是慢思维，属于逻辑思维，为理性思维，精确度较高，但速度较慢。快思维和慢思维，分别适用于不同的场景，最好的方式是两者结合。我们先通过快思维得出一个最初的意见，然后再运用慢思维，对最初的意见进行修正，最后形成科学的决策和意见。

第153讲　体验为先

商道案例

苏州某机器人公司专业生产扫地机器人，为了强化客户对产品的体验，公司专门建立了大型机器人博物馆。博物馆内除了重点展示扫地机器人外，还展示了大量生活用机器人。客户能与机器人互动，使客户加强对产品的体验，同时普及机器人知识。现在机器人博物馆已成为远近闻名的"旅游景区"，吸引数以千计的人前来参观。根据公司大数据分析，客户通过参观考察机器人博物馆，实现6:1的购买转化率，也就是每六位客户就会有一位购买扫地机器人。

点评

对产品进行体验已成为购买商品的重要环节，企业应强化用户体验的环境，可在线直播，这对商品营销起着关键性的作用。

管理论语

◎ 汽车正在成为最大的智能终端。传统汽车有30000多个零部件，最有价值的是硬件发动机。智能汽车不到3000个零部件，最有价值的是软件算法。今后的产品都要从功能产品走向智能产品，通过软件来提升价值，软件成为产品的核心价值。

◎ 智能的实施实现闭环的五个环节：一是状态感知，由传感设备可采集数据；二是实时分析，将数据集中进行实时分析；三是自主方案，由数学模型或人工智能优化方案；四是精准执行，通过软件实施；五是学习提升，在反馈中迭代升级。

◎ 底层的事物往往具有决定性，底层结构控制着整体发展。例如，微软公司的电脑软件操作系统是电脑的底层结构，它决定着电脑产业的总体发展。

◎ 企业经营正在发生着深刻的变化，一是从经营产品走向经营用户，产品仅是载体和入口，重心是经营用户的潜在需求；二是从经营用户走向经营数据，用户需求的背后是数据，经营数据的能力才是核心能力。

第154讲　经验软件化

商道案例

无锡某芯片测试公司遇到两大难题：一是操作员工技术不熟练，经常发生问题；二是技术操作水平较高的员工经常跳槽。经过反复研究，总经理采取了一项措施：请具有17年及以上技术经验的副总将其经验写成文档，然后请软件开发人员做成APP小程序，并将APP小程序嵌入设备供员工操作，这样大大简化了操作技能，某种程度上解决了两大难题。

点评

企业中员工的经验是一笔重要的知识财富，要将经验变成软件，成为共享的工具，不断为企业创造新价值。

管理论语

◎ 能力与做事孰先孰后，传统要求是先有能力再做事，现在要求是先做事再有能力。对于年轻人来说，首先要给他做事的机会，然后在做事的实践中不断提升其能力。

◎ 传统观点认为，过去决定现在，现在决定未来；最新科技认为，未来决定现在，决定过去，特别在不确定性和快速变化的现今，更是如此。从新的认知出发，企业发展必须充分把握未来，洞察未来的潮流大势，以未来思考现在，规划当今。从这个意义上看，企业发展战略至关重要。

◎ 发展创新型经济有四个关键词：一是创新的主导方向是发展数字经济；二是创新的主体是创客及创客团队；三是创新的核心是创新型企业家；四是创新的关键是市场化制度创新，所有资源要向上述四大重点聚焦配置。

◎ 在新兴产业领域高度重视营造创新生态系统，创新生态系统是在一个区间内各种创新群落之间及与创新环境之间，通过物质流、能量流、信息流的联结传导，形成共生竞合、动态演化的复杂系统。创新生态系统具有多样性共生、自组织演化、开放式协同的强大竞争优势。

第155讲 虚拟服务商

商道案例

上海有一位汽车爱好者，自幼痴迷汽车。他的第一份工作是报社"汽车专栏"的编辑，通过专栏积累了大量的专业知识。几年后，他辞职创业，专门为汽车使用者提供各种服务。由于缺乏资金，他通过微信公众号建立虚拟汽车服务平台，利用朋友圈整合大量汽车服务资源和汽车使用客户。爱好是最大的动力，通过诚信服务，现已拥有数百万客户，成为小有名气的汽车虚拟服务商。

点评

虚拟服务商大有可为，关键是组织社会服务资源，对用户诚信用心服务，虚拟服务价值无限。

管理论语

◎ 现代城市日益全球化，全球化城市是个性化城市，城市个性化为城市最具特色之处。城市更新不是千篇一律的高楼大厦，关键在于连接过去与未来：一方面要保留历史文化和原有居民居住；另一方面要随时代而不断创新。

◎ 乔布斯说，许多新产品的创造和创新不是少数人的苦思冥想，而是多数人的头脑风暴。他的创意大多来自餐桌和咖啡厅，在与不同人群的交流碰撞中产生的。特别是在与用户的交互沟通中得到启发，因为用户是使用者，最有发言权，用户是最好的创新者。

◎ 美国脸谱公司的创始人扎克伯格将创新的动机分为三个层次，分别代表三种价值取向：一是短期功利主义，创新是为了发论文、申请专利、公司上市。二是长期功利主义，创新有较高追求，为了填补空白、争内一流、创世界一流。三是内在价值的非功利主义，创新有更高的追求，为了追求真理、改变世界、让人变得更加幸福。

◎ 业务与数字的关系，在不同技术方式下组合是不同的。业务与数字相结合的关键是组合模式，在IT技术方式下，业务为主体，数字为辅助；在DT技术方式下，业务为载体，数字为主体。IT实现自动化，DT实现智能化。

第156讲　不走寻常路

商道案例

美国沃尔玛当年成为商业巨头，其最大的秘诀是五个字——"不走寻常路"。沃尔玛的创始人山姆提出"要么探索，要么死亡"，不断突破传统的惯性思维，不断向外探索。一是专注于所有竞争对手都不屑的小镇市场，成为美国的小镇之王；二是敢于放弃眼前利益，将低价策略发挥到极致，做到"天天平价"；三是瞄准同行不愿投入的新科技，总是快人一步。

点评

固守陈规是成功的大敌，沃尔玛大胆变革，一切机会，都可能来自巨大的改变。

管理论语

◎ 开放系统具有两大特征：一是功能超群，整体功能并不等于局部功能之和，绝大多数是超越局部功能之和；二是功能替代，许多功能可以相互替代。如一个失明之人，听觉可能就会异常发达，弥补其视觉不足。从而可见，开放系统的优越性，企业的发展必须不断开放，通过开放，企业实现超越发展。

◎ 对于失败不要反应过分，每一个失败案例的经验总结是一笔宝贵的财富，要实行失败日记制度，将失败的经历、原因和教训记录下来建立数据库。通过失败案例沉淀经验与智慧，在失败中认真学习，在失败中不断进化发展。

◎ 比特币是去中心化的，找不到任何组织和个人。发起者"中本聪"是"虚拟人"，由全体参与者共同创造支持的。比特币是基于区块链技术形成的数字货币，其非人为属性。

◎ 经济范式是不断发展的：劳动密集型经济，以农业与轻工业为主；资本密集型经济，以重化工业为主；技术密集型经济，主要是高新技术产业；当前是数据密集型经济，典型的是金融产业、交通产业和生物医药产业。随着数字经济的加速发展，未来数据密集型产业将会蓬勃发展。

第157讲 宅经济

商道案例

新冠肺炎疫情带动了"宅经济"，上海"宅经济"公司将危机化为转机，创新"云买菜"新模式，营销火爆。公司采取"四加强"措施：一是加强数字云技术后台建设，适应客户买菜急需；二是加强供应链组织，从田头到餐桌进行优化供给；三是加强物流配送，畅通快递速达客户；四是加强人员配备，从外单位派送共享员工。通过全方位强化，公司有效地解决了客户对买菜的大量需求，"云买菜"新模式大有发展。

点评

"宅经济"将成为常态，发展空间宽广，为大量消费者提供全方位的服务，成为新的蓝海领域。

管理论语

◎ 在数字经济时代，市场经纪人的作用，关键是要转换身份。未来经纪人都是行业中的专家，成为专业规划师，为用户谋划咨询，提供整体解决方案，在产业链中发挥着更高的价值。

◎ 读书既要读工具类书，更要读思维类书。现在大多数人都愿意读工具类书籍，读后就可以使用，这类书知其然而不知其所以然。读思想性书籍重在理解其原理，从而可以举一反三。思想和工具是"道"与"术"的关系，"道"是根本，一通百通；"术"是方法，随场景而不断变化。

◎ 从优秀企业到卓越企业，其核心区别是对客户的关系。优秀企业以客户为导向，千方百计满足客户的需求。卓越企业而是引领客户需求。实际上，许多时候客户需求是模糊的，为此，卓越企业与客户不断互动交流，在相互沟通中引领客户需求，实现双赢。

◎ 每一次经济危机都要经历一次企业大洗牌，优胜劣汰。在洗牌过程中有两种企业得以发展：一种是实力强的优势企业，通过并购加快壮大；一种是灵活性强的新生企业，以变应变脱颖而出。民营企业就是在危机洗牌中成长发展的。

第158讲　决策定力

商道案例

三国时代的诸葛亮和周瑜都是足智多谋的大人物，但两个人做决策的风格不一样，导致最后的结果也不一样。诸葛亮做决策时十分慎重，往往需要"三步一计"，计谋一旦决定坚持执行到底。周瑜做决策时灵活多变，号称为"一步三计"，一直犹疑不定，在执行中不能贯彻到底。两个人的决策风格不一样，人生的最后结局也不同。

点评

诸葛亮"三步一计"，周瑜"一步三计"，周瑜比诸葛亮聪明，而诸葛亮比周瑜智慧，最后诸葛亮更成功。

管理论语

◎ 据统计，中国前十位富豪中，1999年，一半来自传统产业；2009年，一半来自房地产业；2019年，一半来自数字产业。中国传统实业要重返富豪前列，唯一的出路就是拥抱新科技。

◎ 平台的基本形态有三种类型：第一类是交易型平台，如阿里、京东等都是交易型电商平台；第二类是服务型平台，许多创业性平台，主要提供供应链服务，包括提供金融、物流等服务；第三类是创新型平台，如腾讯、百度为开发者创业者组织创新赋能。

◎ 科技发展有两大动力：一是内在动力，源于人类的好奇心和科技发展惯性等，这种动力是科技发展的原始动力，离实际应用有一定过程；二是外部动力，源于社会需求和投入，这种动力是科技发展的现实动力，与经济和安全紧密相关。科技要发展最好是两者的有机结合。

◎ 微软公司的名字具有时代性，新时代企业的特征：第一要"微"，微小是创新经济的重要特点，大量微小企业都是创新的主体；第二要"软"，柔软是数字经济的基本特点，众多柔软型企业都是活力的载体。微与软是未来企业的象征。

第159讲　深度思考

商道案例

某电话推销公司，销售员都很勤奋，但销售业绩差异较大。甲根据公司提供的潜在客户名单，日复一日从上班机械地按规定话术逐个给客户打电话直到下班，业绩反而不佳。乙利用公司提供的客户名单，每天对客户进行分析，然后区别对待，对成单可能性大的潜在客户多花时间，并自己设计针对性强的话术问题，业绩越来越好。甲乙两员工的差异在于对工作的深度思考。

点评

简单的勤奋不如深度的思考，简单勤奋仅停留在工作的"低成长区"，深度思考才能进入工作的"高成长区"。

管理论语

◎ 数据是全新生产要素，对于传统生产要素起到赋能作用，产生乘数倍增效应。"新劳动力"是智能机器人，"新土地"是数字孪生，"新资本"是金融科技，"新技术"是人工智能，"新思想"是区块链。数据将重构生产要素体系，实现经济的高质量发展。

◎ 二次元的开发应用十分广泛，现在Z时代的新生代应用二次元的角色扮演在两个方面取得成功：一是虚拟扮演，个人应用虚拟形象扮演各种角色，或自娱自乐，或转发朋友圈共乐；二是虚拟陪伴，专业扮演各种角色，供客户陪伴，成为全新的社交方式。虚拟与现实的高度融合，将是二次元发展的主导方向。

◎ 优质文字内容数字化已成为新媒体的重要方向，特别是中国古代经典文化，通过数字化使其价值倍增。如三字经、千字文、道德经、孙子兵法、封神演义，乃至四大名著都可以制作成数字动漫作品，不但在国内有巨大市场，还可以出口国外进行数字贸易。

◎ 产业园区中有大量企业和员工，应建立"园区服务云"，为企业与员工提供公共服务和生活服务。这样既可为园区用户解决优质供给，又可降低各项成本，还可为园区增加收益，是一举多得的好服务。大型产业园区可以单独建云服务平台，众多中小型产业园区可以联合建云服务平台。

第160讲 声音赚钱

商道案例

现在各大平台的专业配音、播客供不应求，特别是有声书、录制课程、广告配音等方面需求旺盛。于是，王女士靠声音做起了副业。

点评

在数字经济时代，产生了大量数字化新物种工作岗位，"声音"赚钱就是其中的一片蓝海。

管理沦语

◎ 在数字经济中要实施三大一体化：一是线下与线上的一体化，实施线下与线上融合发展；二是专业与数字的一体化，实施专业技术与数字技术的互动优化；三是现实与虚拟的一体化，实施现实与虚拟的交互运行。三大一体化构建新的生态体系。

◎ 数据作为新的生产要素，在企业生产经营中的商业价值主要体现在六大方面：在设计环节是大规模定制；在生产环节是智能制造；在供应链环节是优化提速；在研发环节是协同创新；在营销环节是精准推送；在服务环节是运维预测。每个环节都能实现数据的价值化。

◎ 未来汽车行业之间的竞争将不再是品牌之间的竞争，而是车联网之间的角逐。车联网是多个行业深度融合的新型产业，更是全球创新的热点和未来发展的制高点。车联网在价值实现上蕴含巨大空间，通过大量数据为城市交通服务，为汽车厂商服务，为市民生活服务，为金融保险服务等。随着5G网络的发展，车联网将可能发挥不可估量的新优势。

◎ 知识图谱化将是企业进行数据管理的未来趋势。所谓知识图谱就是把所有不同种类的信息连接在一起而得到的一个语义的网络。其主要特点是，以抽取实体关系、事件、标签、模型、规则等条件，形成以图为基础的数据形式。知识图谱相当于人工智能的行业专家，将提供各种智能化的解决方案。

第161讲 "1+N"价值链

商道案例

经济服务化是大趋势，特别是制造业的服务链很长。海尔洗衣机就是经营客户的价值链，开发"1+N"的价值模式，"1"就是洗衣机产品，这仅是价值链的入口，"N"就是系统服务，服务客户是无止境的。如提供烘干机和供应洗衣机，帮助衣服杀菌，为客户搭建智能阳台，替客户穿戴搭配，为客户全家进行服饰管理等。新价值在产品之后，服务已进入新的蓝海领域。

点评

"1+N"价值链，说明客户的价值重心已经从产品环节转向服务环节，特别要为客户提供整体解决方案。

管理论语

◎ 人工智能建模的关键在于"懂行"，每个业务场景都是复杂的，必须对这个行业有深刻的理解，才能对场景的需求有明确的认知。为此，需求人工智能的专业人员与业务场景的专业人员互动融合，共同设计"懂行"的数据模型，提供符合需求的场景解决方案。

◎ 斯坦福研究中心曾发表报告指出：一个人赚的钱12.5%来自知识，87.5%来自关系。应该正确理解"关系"，所谓"关系"，不能简单地理解为搞"人事关系"。"关系"的本质是"连接"，与相关的人、事物连接得越多，合作的资源越多，发展的机会也越多。从某种意义上讲，"关系"大于主体。

◎ 区块链技术为"四大机器"：一是信任的机器，通过数据加密和上链成为可信数据；二是协作的机器，数据的分布式管理适合大规模协作群体；三是价值的机器，区块链为数据实现数据价值化；四是监管的机器，数据的真实性实施"穿透式监管"。

◎ 决策应是感性的经验与理性的数据相结合。感性的经验是长期积累的知识，由于经验的局部性和时效性往往有局限，可以作为决策的基础。理性的数据是客观实际的记录，数据具有真实性和即时性更为宝贵，应该成为决策的主导。科学决策要以经验为基础，以数据为主导，将两者有机结合。

第162讲　创新生态园

商道案例

从产业创新园到创新生态园是一个重大升级的过程。美国硅谷正在构建集生产、研发、居住、消费、环境等多种功能于一体的创新生态园区。重点建设三大平台：一是产业形态搭建现代化设施平台；二是产业需求搭建科研型功能平台；三是产业人群搭建生活性服务平台。创新生态园改变以产业为中心，真正实现以人为中心，为各类创新人才提供便利的生活场景和要素资源的市场化配置场景，从而促进创新要素的大迸发、创新成果的大爆发。

点评

产业园区要不断升级，第一次升级是产业园区走向科创园区，第二次升级是科创园区走向创新生态园区。

管理论语

◎ 科学技术的发展来自两大目的：第一追求意义，科学发现从意义出发，其初心是探求真知，从而实现改变世界。第二追求价值，科技创新从价值出发，为社会创造价值，从而为人类谋福利。随着科技发展的加速度增长，意义与价值将相互结合，成为未来的发展趋势。

◎ 数字内容产业越来越受到读者的欢迎和喜爱。文字作品在线阅读是数字内容产业的起点，以后逐步发展为音频内容、视频内容，并将两者相互结合。现在文字作品已成为数字内容的源头，作为原始版本，制作成音频和视频，特别是二次元产品，将不断升级为新业态。

◎ 产业生态系统远远高于平台系统，平台系统仅是为企业和产业提供服务的系统。生态系统是产业的自组织系统，具有自主组织自主服务的生命机制，更为重要的是通过交互产生新物种，实现产业的自主进化。

◎ 知识学习主要是两大类：一是基础知识，基础知识是所有知识增长之源泉，一定要有扎实的知识根基；二是前沿知识，各个专业都有前沿科技，掌握前沿科技就不会落后。我们要学好基础知识和掌握前沿知识，将无往不胜。

第163讲 乡村旅游

商道案例

陕西某村以"关中农家生活"为主题，打造乡村旅游的超级 IP。该村乡村旅游创新三大模式：一是商业模式，"村是景区，家是景点，村景一体，全民参与"，使游客长时间、全方位、零距离、多角度体验和感受农家生活；二是组织模式，由农民自组织，村里为农民搭建自主创业平台，自驱动自发展；三是分配模式，采用股份合作方式，调节收入分配，将农民有效率组织起来。通过三大模式创新，该村从贫穷落后村转变为富裕先进村。

点评

乡村旅游不是简单的观光农家游，要从商业模式、组织模式和分配模式等方面系统创新，成为全新的生活方式。

管理论语

◎ 人生在发展中要经过若干阶段，每个阶段的发展最为重要的是重构认知架构。认知水平决定人的发展水平，特别是对新时代新事物的认知，对人生发展起到决定性作用，我们需要提高认知力。

◎ 发展数字经济，数据共享是最大的难题。美国谷歌公司提出"联邦学习"的模式，这是一种新的算法框架技术，可以实现参与各方，在不披露底层数据的前提下共建模型；在安全合规条件下，解决信息孤岛完成共同建模。我们在实际工作中，最简单的方式是将参与各方的 ERP 打通连接好。

◎ 人工智能的根本是数学，人工智能有三大要素，每个要素都有数学基因。一是数据，所有数据都要转化为 010101 的计算资源；二是算法，算法好比列方程，将业务问题转化为数学模型；三是计算，计算就是解方程，应用计算机来获解。

◎ 最新的投资公司不是由出身于金融的人才创建，而是由科技人才和创业人才所创建。即使是由金融人才创建的投资公司，其中 80% 也要求是科技人才。这是因为新科技革命对高科技人才十分依赖，投资公司要求科技对其进行赋能。

第164讲　业务新价值

商道案例

"滴滴"主要在两大方面开拓创新：一是开发高端出行，推送"滴滴专车""豪华车""共享电单车"等，为高端人士出行服务；二是开发全新业务，推送"滴滴跑腿""滴滴货运""滴滴小巴""滴滴二手车""滴滴贷款""滴滴旅行"等，大大超越交通出行的传统定位。"滴滴"的业务创新始终围绕客户需求，开发客户价值链，实现客户价值最大化。

点评

业务创新的核心点是客户价值，始终为客户创造业务的新价值，将成为企业持续发展之道。

管理论语

◎ 当今，人工智能 AI 数字技术是新技术之首，主导整个新技术群的发展。生物技术是后起之秀，生物技术与数字技术融合发展，成为新技术革命的战略制高点。生物技术是典型的数据密集产业，已从"实验驱动"走向"数据驱动"，数据是生物技术和产业的底层结构。

◎ 产业互联网在营销领域的基本模式是 S2B2C。其中，S 是产业互联网平台，主要提供资源和能力；B 是企业与商户，具体从事营销业务，S 对 B 进行赋能；C 是最终客户，S 与 B 共同服务于 C。平台一定要触达到 C，在服务中获得宝贵的数据。

◎ 市场推广的最有效方法是培训，传统办法是售后培训，现在要改为售前培训。产品售前培训有三大好处：一是培训是获得用户的入口，通过培训进行用户教育，使用户理解购买产品；二是了解使用要求，获得用户意见以改进产品；三是增强用户感情，进一步经营好用户。

◎ 市场与用户是两个不同概念，企业从关注市场到关注用户是重大进步。市场是渠道流通，一般由批发商和零售商等代理商组成，商品仍然在流通过程中。用户是终端使用，强调用户体验和社交服务，直接面向用户进行交易，同时会产生数据。

第165讲　全球本土化

商道案例

北京某电动车公司是电动自行车行业的新秀。公司定位于全球高端市场，因而一开始就进入欧洲，如德国、法国、意大利、荷兰等发达国家。为了适应全球市场，公司采取全球本土化战略：一是设计本土化，根据各国环境和法律，设计为该国客户的专用车；二是供应链本土化，60%以上的配套件由本地供应；三是人才本土化，从管理者到员工全部用当地人才。由于本土化水平高，迅速打开市场，现已成为美国纳斯达克上市的优质公司。

点评

企业全球化经营有两大要点：思维全球化、行动本土化。本土化经营和发展是全球化的必由之路。

管理论语

◎ 专业化与多元化孰优孰劣。新的商业模式是专业化与多元化的结合，构建一专多元的新生态。首先，要确定一个专业，在核心环节形成优势。然后，在这个专业中逐步延伸扩展，形成生态系统，产生生态效应，实现企业价值的最大化。

◎ 企业定位是发展战略的核心内容。定位不是产品定位，也不是市场定位，而是用户心智的定位。定位始终要围绕用户来确定。企业定位的关键是差异化发展，在众多竞争对手中突出差异性，从而构建强有力的竞争优势。

◎ 系统集成是最佳商业模式，将分布式的产品、模块、服务集成起来形成解决方案系统，大大提升了市场价值。系统集成的关键在于首尾两端：前端设计为首，系统集成的设计起到集成的首要作用；后端调试为尾，系统集成的调试起到集成的决定性作用。公司发展应将首尾两端融合形成闭环。

◎ 当今，企业要充分重视软件的作用，大量应用软件正在提升企业价值，一定要处理好软件与硬件的关系。一是软件弥补硬件的缺陷和毛病，使系统优化；二是软件使硬件升级，适应个性化需求。所以，企业要尽量少用硬件，多用软件，以减少成本提升价值。

第166讲　虚拟毕业典礼

商道案例

美国加州大学伯克利分校2020年毕业生举行"虚拟毕业典礼",虚拟校园由100多个学生、校友在沙盒游戏"我的世界"中共同建成。虚拟校园主要有两大部分:一是搭建校园100多栋建筑物,都是用数据构成的虚拟建筑;二是每个学生真人的数字化"替身",大家在数字世界里一起庆祝毕业。校长致辞,学位授予,抛礼帽等该有的环节一个也不少。领完学位证,"替身"还可以替学生四处走走,甚至在校园里飞一圈,这在现实中可做不到,这是一次极其神奇的毕业典礼。

点评

人类进入数字世界势在必行,虚实融合的未来世界离人们越来越近,这将给人类带来全新的生活。

管理论语

◎ 知识变现是一种共享经济,个人的知识作为资产由个体所有,都可以为社会共享服务,通过共享将知识变现。众多翻译工作者、软件工程师、数据工程师等知识技能人员将成为在线工作者,在网络上实现知识技能的变现。

◎ 学而不思则罔。学习固然重要,思考更为重要。对于学习的知识,要进行总结整理,才能将外在的知识转化为内在的能力。总结思考起两大作用:一是加深理解,通过总结真正掌握其核心要义;二是系统提升,碎片的知识只有整理成系统方能成为自身的能力。

◎ 企业营销要从"交易价值"走向"使用价值"。传统营销将产品交易作为终点,新的营销将产品交易作为入口,关键是开拓产品使用的价值,使用为本质。对于客户来说产品使用是根本,企业要强化使用的服务以及使用中产生的数据。

◎ 企业家有两种类型:一种是套利企业家,一种是创新企业家。企业家如何创造价值,简单方式是套利,在工业化初期和中期可利用各种资源差价套利;进入工业化后期,套利空间愈来愈小,必须从套利转向创新。唯有创新才能创造新的价值。

第167讲　禅文化

商道案例

禅文化对乔布斯思想影响较深，他一方面追寻个人精神世界的领域，一方面胸怀野心打造改变世界的产品，实现精神和商业之间的平衡。乔布斯认为产品是有灵魂的，为此对产品的要求很苛刻。在做第一款电脑时，他要求工程师们必须把线路板弄得整整齐齐、漂漂亮亮、优雅而简洁。他要求自己先与产品合二为一，这样才能与用户合二为一，这就是禅的精神。

点评

科技与人文是统一的，禅文化使科技与人文实现完美的二元和谐，乔布斯就是最佳典范。

管理论语

◎ 世界上最大的力是"变化力"，变化无处不在无时不在，所以适应变化才能生存和发展。挑战变化要应用"数力"，即由数据的变化来以不变应万变。掌握数据和应用数据有两大作用：一方面数据跟踪变化；一方面数据预测变化，预先做出相应变化。"数力"的本质是由数据产生智能，智能适应变化。

◎ 云平台对用户的作用，除了对用户赋能，提供智能化服务外，有价值的是促进用户之间的服务。众多用户间产生大量协作，甚至可以建立新物种。用户作为节点，其颗粒度越小，相互作用机会越大，平台的价值也越大，其价值与节点的平方成正比。

◎ 科技对商业应该有敬畏感。首先，搞科技的总认为技术是最有价值的，单纯研发新产品，研发越多越好；其次，搞科技的还认为技术越高越有价值，集中研发技术难度高的产品。从实践的状况来看，研发产品不是越多越好，技术也不是越高越好，而是越适应市场越好。开发产品可以多，但应精准，关键要市场接受。

◎ 企业家最重要的是配置好两大资源：第一是时间，企业家的时间是精力，精力是最为宝贵的资源，集中配置精力在最要害处，方能产生理想效益；第二是资金，企业家要把钱用好，将钱配置到最有价值处，实现投入产出最大化。时间与资金是最大的决策。

第168讲 参与感

商道案例

小米集团的经营特色是客户参与企业经营，增强客户的忠诚度和美誉度。小米的主要做法：一是客户参与产品策划和设计，企业在开发新产品时，广泛征求客户意见，重视客户参与产品创新；二是强化客户体验，新产品上市前请核心客户进行产品体验，进而快速迭代优化；三是客户口碑传播，新产品一上市通过自媒体口碑相传，进行病毒式传播，很快取得市场成效。

点评

客户参与感特别重要，客户既是消费者，又是策划者，更是创新者，客户参与是最好的营销。

管理论语

◎ 数据中心分为三大类：一是"数据湖"，大量数据的集合地，主要解决数据的存储，即传统的数据库；二是"数据云"，大量数据集中在云平台，主要解决数据的应用，即数据开关和共享平台；三是"数据岛"，数据的关键在于安全，在数据岛上应用新科技，确保数据的安全使用。数据湖、数据云和数据岛三位一体，构建大数据中心体系。

◎ 数字新技术有两个制高点：一是人工智能AI，人工智能技术应用到哪里，哪里就实现优化升级，人工智能是先进的生产力；二是区块链，区块链技术应用到哪里，哪里就产生全新价值，区块链是先进的生产关系。区块链与人工智能（AI）两者结合为"链爱"（AI），未来是"链爱"时代。

◎ 人类对自然资源的消耗与日俱增，而自然资源的再生产却不断减弱，1975年全球消耗自然资源的增量与自然资源再生产的增量达到平衡，那以后平衡被打破，形成了一个重要的拐点。现在全球自然资源每年都形成赤字，必须引起高度重视。

◎ 新经济有两个显著特征：一是以数字技术为基础的技术创新，传统经济需要无限劳动力，新经济需要无限计算力；二是市场化为重点的制度创新，强调市场创新来发展经济，即新经济就是全面数字化+深度市场化。

第169讲 沟通为要

商道案例

某公司职业经理人CEO工作能力强、业绩显著，受企业主赏识。有一次，CEO对IT部门采取特殊措施，考虑到IT部门员工经常加班，同意发放"迟到券"。此举措施被企业主发现，企业主认为破坏了企业整体制度，下令废除"迟到券"。这一矛盾的产生，不在于举措的本身，而是双方缺乏沟通，CEO事前没有与企业主沟通，而企业主在做决定时也没有与CEO沟通，从而造成了矛盾的后果。

点评

许多矛盾的产生不是事情本身的是非，而是沟通不够造成的，所以良好的沟通非常重要。

管理论语

◎ 随着科技发展，人类发展水平逐渐加快。由于科技发展是加速度的，人类发展曲线不断向上，以人工智能为代表的新科技发展，使人类发展水平进入指数增长的新阶段。

◎ 混搭是时代的特征，为此企业的发展要从单一走向混搭，以适应复杂多变的经营环境。一是人才混搭，专业人才与数字人才、资本运作人才等实行混搭；二是金融混搭，银行信贷与金融债券、资本证券等实行混搭；三是市场混搭，国内市场与国际市场、网络市场等实行混搭。混搭是时代对企业发展的全新要求。

◎ 学习要解决三个方面的问题：一是学习动力，主要是学习兴趣和求知欲，这是最根本的学习动力；二是学习能力，主要是善于综合，敢于提问，学问是一半学一半问，问是更为重要的能力；三是学习知识，主要是学好基础知识，学习知识无止境，终生学习是关键。

◎ 在学生教学培育过程中，重视智力因素是基础，比智力因素更为重要的是非智力因素。一是学习的动力，包括好奇心、热情、勇于尝试和独立思考等，都是学习最底层的决定性因素；二是学习的能力，包括提问题、会表达、求异思维、动手做事等能力。学习动力和学习能力是学生终身受益的非智力因素。

第170讲　负面情绪

商道案例

路易斯·福克斯曾经多次获得台球世界冠军，1965年在纽约的台球比赛中，比分遥遥领先对手约翰·迪瑞。比赛正当进行时，一只苍蝇落在了母球上。他一开始没有在意，赶走苍蝇后准备继续击球，可没有几秒，这只苍蝇又落了回来。几次三番后，他终于失去了冷静，用球杆直接打苍蝇，使得球杆碰到了母球违反了规则，最后输掉了比赛。第二天，人们发现了他的尸体，投河自杀了。

点评

管理好负面情绪十分重要，不能成为情绪的奴隶，否则会造成不可挽回的损失。

管理论语

◎ 经营虚拟产品主要有两大路径：一是生产虚拟产品，在某一场景中应用，直接经营虚拟产品；二是将实物产品虚拟化，形成虚拟产品进行经营。虚拟产品本质是数字资产，未来数字资产将成为产品经营的主体。

◎ 数字化应具备规范化流程，主要体现在三大环节：第一环节是采集数据，在场景中确定节点，通过数字方法采集数据；第二环节是处理数据，围绕场景业务建立数据模型或数据算法，获得优化解决方法；第三环节是应用数据，将模型或算法进行计算，应用于业务优化增值。

◎ 供应链可以通过第三方平台在互联网上实现点对点的供应管理，解决信息沟通、协调运行、市场应变、增值服务等，从而提升整个供应链的价值创造。

◎ 现代化城市规划要实现两大转变：第一，以人为本，城市发展不能以产业为主体，也不是以交通为主导，一定是以人为根本，一切围绕人的需求来规划；第二，以数为基，城市发展不能由少数人凭主观来谋划，要以数据为基础，一切依托数据的分析来规划。

第171讲　企业服务业

商道案例

企业服务业是新产业。上海有个英国公司专门为中小企业管理小锅炉，应该是新兴的企业服务产业，现已管理服务 3000 多台的小锅炉。该公司首先建立远程运维的智能云服务平台，全部由系统进行运营管理。公司招聘具有专业能力的大学生，每人分管 100 台锅炉，主要从事数据监控。由于公司管理能力强，大大提高了锅炉的管理质量，减少了人力，降低了能耗，强化了安全，得到广大中小企业的赞誉，实现了社会效益与企业效益的双赢。

点评

企业服务业是新兴产业。企业中各种非主业服务都可以外包给专业公司，进行社会化服务，企业服务业前景无限。

管理沦语

◎ 人工智能的本质是自主，从自动到自主是质的升级。智能机器能够自学习、自决策、自执行，成为自主完成任务的系统。所谓智能就是对环境变化的适应性，这种适应性是互动的，在不断互动中实现自主。

◎ 小企业得大企业病已成为普遍现象，突出表现在"三个过"：一是管理过度，小企业盲目采用大企业的管理模式，将灵活性变成刚性；二是用人过多，学习大企业的管理团队，养大批不赚钱的闲人；三是流程过多，模仿大企业机构，按流程层层汇报。"三过"大企业病，使小企业失去生命力。

◎ 战略与战术在方向上是一致的，但在做法上是相反的。战略上要坚定，但战术上要善变；战略上应大胆，但战术上应心细；战略上看软件，但战术上重硬件；战略上讲眼高，但战术上讲手低。总之，战略与战术是相反而相成的。

◎ 人的学习与机器学习的主要区别：一是人的学习是经验学习比较主观，机器学习是数据学习纯属客观；二是人的学习可以得到局部优化，机器学习可以获得全面优化；三是人的学习无法依靠系统来升级，机器学习则依靠系统来自主升级。

第172讲 数字化员工

商道案例

苏州某机械公司为数字孪生示范企业，公司数字技术应用水平较高。一位领导到公司考察，一进车间看到所有员工都在"玩手机"，领导对此颇有看法，上班时间还能"玩手机"？公司主管说员工不是"玩手机"，而是操作数据。于是将员工手机拿来一看都是数据，员工从采集数据到识别数据，然后操作数据。员工学习数据操作需要培训一个月，即将劳务型员工提升为数字化员工。

点评

在数字化时代，机器操作业务，员工操作数据，这将成为新工业的常态。为此，要使劳务型员工转化为数字化员工。

管理论语

◎ 当今大量中小企业的发展需要全面服务，企业服务业应运而生，已成为投资界的重点。企业服务业是全方位的，包括产、供、销、人、财、物等诸多服务。传统服务是单一的专业服务，现在需要的是集成综合服务，成为中小企业发展的加速器，为此产业园区都应建立集成服务云平台，广泛组织服务资源，进行全方位企业服务。

◎ 爱因斯坦说想象力对知识更重要。对于创新来说，想象力为创新的源泉，想象力是从0到1，这是不可复制的，也是无穷无尽的。作为企业家的根本工作是创造需求，而创造需求需具有丰富的想象力。

◎ 关于投资回报有两种满足方式：一种是"即时满足"，"短平快"是即时满足的回报方式，在实践中"短平快"往往是短寿命的，大多数是浮萍草没有根，稍纵即逝；一种是"滞后满足"，生根的果实都是滞后满足的回报方式，要做时间的朋友，回报不仅丰厚而且持久。

◎ 所谓进化，是对变化不断适应的过程。生物进化就是随环境的变化而变化。对于进化来说，适应过程更为重要。智能的本质是对场景及其变化的适应过程，这种适应是互动的适应，也是引导性适应，在试错迭代中提供智能解决方案。

第173讲 数字大脑

商道案例

青岛红领服装公司为数字化定制服装的典范，但到红领公司参观考察后，大家都感到失望，因为红领公司与传统服装企业没有什么两样，车间里都是传统设备，都是操作员工。公司的秘密在于后台，后台中有海量数据，有成套的软件模块，有大量数字化工具，所有生产线上都是二维码作业书，员工要按照二维码进行操作。红领公司的"身体"硬件并没有变，最核心的是"大脑"软件的升级，"数字大脑"成为红领公司的灵魂。

点评

传统企业数字化转型的核心是建立"数字大脑"，将企业的"智商"大大提高，从而使"身体"更加健康。

管理论语

◎ 在数字化发展进程中，已经出现"数字鸿沟""数据霸权""算法垄断"等苗头，应该采取向善之举：一是技术平衡，新科技发展中出现的问题要由新科技自己来解决，如人工智能优于"合"，区块链优于"分"，两者起到平衡作用；二是底线立法，新科技发展应确立底线，超越底线以法律加以限制。

◎ 定性与定量相统一。定性规定事物之质，是决策的依据，也就是说认识问题要把握定性为主。定量规定事物之量，是实施的依据，也就是说解决问题要掌握定量为主。定性代表方向，定量代表政策，不能因为方向对头，就可以政策过头，定性与定量是一致的。

◎ 新的全球化是数字全球化，现在由于新冠肺炎，实物贸易受阻，但有两块外贸发展较快，一块是跨境电商，一块是数字贸易，不但没有萎缩，反而逆势而上。跨境电商与数字贸易正在推进新的全球化，数字世界为实体世界的贸易赋能，这是全球化的4.0。

◎ "人工智能+"与"+人工智能"是两种不同方式，"人工智能+"是将人工智能技术嵌入实体中，具有颠覆性作用，将产生新的产品和新的业态；"+人工智能"是实体应用人工智能，具有赋能性作用，使实体提升价值。人工智能对实体的融合性很强，两种方式都将产生巨大价值。

第174讲 人才活力

商道案例

人才的发展需要多元化和流动性。美国硅谷的人才是这两方面的典型：一是多元化，硅谷吸引来自全球追逐理想和梦想的创业者，除美国本土外，亚裔占33%，欧洲西班牙裔占26%，其中73%的成年人受过高教育，22%拥有研究生以上学历；二是流动性，硅谷人才是高度流动的，每年企业间的人才流动保持在20%～30%，人才的快速流动加大了区域内企业间的知识溢出，提升了区域创新活力。

点评

人才的多元化优化人才的结构，人才的流动性提升人才的活力，特别是高级人才不是企业专有的，而是社会化共享的。

管理论语

◎ 进化是进和退的相互作用，一方面在进化过程中，往往是进二步退一步，总体上是不断进退以进为主；另一个方面是在进化过程中，进是由退为代价的，部分的退化为进化创造条件，从而实现总体上进化。总之，进化是进中有退，退中有进的交互发展，进始终为主导。

◎ 在数字经济中，机器代替人，但更多的是机器赋能人。机器与人的关系要从三方面来考察：一是数字技术降低了对人的技能要求，较低技能的劳动力也可以适应；二是数字技术创造了许多新的工作业态，在网络上产生大量新职业；三是劳务型员工，通过培训转化为数字化员工，机器赋能人，两者实现互补相结合。

◎ 开发园区要从产业园区转型升级为科创园区。首先，将原来的企业科创化，以科技创新引领企业的加速发展；同时引进和培育科创型企业，以科技创新驱动和加速产业化进程。科创公司都是大楼经济，往往一个大楼可以创造几亿乃至几十亿元的利润和税收。

◎ 高端人才是为社会化服务的，很难固定在一个企业特别是中小企业的。建立高端人才在线服务云平台是解决之道，一方面将高端人才大量注册在云平台上，一方面将中小企业的大量需求，包括项目和服务发布在云平台上，通过运营对接使用高端人才，从而实现两者的双赢。

第175讲　小店赋能

商道案例

五星控股创办的汇通达公司，深耕农村市场，为其赋能：一是数字化赋能，将数以千计的小店链接到云平台上，前端APP、中端ERP，后端大数据，全部实施数字化在线服务；二是优化供应链，将优质商品提供给小店，实行出样不备货；三是培训小店主，将商业经验和商业文化传递给他们，同时发挥其熟悉农村、理解农民的自身优势。通过全方位赋能，农村小店的经营能力大大提高。

点评

将大量碎片化的低层次小店组织到云平台上，通过系统进行赋能服务。

管理论语

◎ 创新的制度供给应有新的机制和内涵。在五大生产要素中，现在最需要的是人才与数据，为此要围绕人才与数据组织制度创新，如科技创客的政策、创新型企业家的政策、数据汇集与开发的政策、创新试错及允许失败的政策等。创新有利于"双创"的制度环境。

◎ 科技创新创业要建立投资母基金，通过母基金起到放大投资和鼓励"双创"的作用。一方面母基金可以吸引社会资本，更好地加大加快创业投资基金的发展；另一方面母基金依托创业投资基金公司，引进和培育大量创客团队，创造更多的优秀科创公司。

◎ 经济与社会的治理方式，总体上有三大方式：一是市场，市场的无形之手；二是政府，政府的有形之手；三是自治，自组织治理。企业的治理正在向自组织治理发展，建立"大平台＋自组织"模式，由员工自行组织经营主体，实施自驱动、自创造、自发展。社区的治理也正在向自主治理发展，由社区业主组织起来自己管理自己。

◎ 商业生态正在发生两大变化：一是产品被场景替代，产品仅是经营的入口，为客户提供场景的整体的解决方案才是经营的全部，其模式是"1+N"，1为产品，N为服务；二是行业被生态覆盖，行业内部的价值有限，完整的商业生态体系的价值无限，在生态体系中实现共生、互生和重生，不断发展进化。

第176讲　组合创造

商道案例

南京"孩子王"是当地著名的母婴购物场所。"孩子王"最大的特点是将全球先进的零售要素进行集中组合，其中包括沃尔玛采购、Costco 的会员制、屈臣氏的自有品牌等，在国内学习大型购物中心开实体店的做法。在此基础上，充分利用互联网技术实施线上线下融合，做到线上千人千面，线下全面体验。"孩子王"构建一种不简单依赖商品差价，建立多元服务的盈利模式，深受消费者的青睐。

点评

优秀的企业贵在组合，将国内外先进的要素集中组合，在此基础上进行创新，从这个意义上讲，综合就是创造。

管理论语

◎ 企业应有两类会计：一类是财务会计，主要是记账，记录企业的历史；一类是管理会计，主要是决策，要求预测未来。管理会计应有新的本领，就是数字会计，要求懂得采集数据、分析数据。学习应用数据进行决策，提高管理会计的数字能力是企业的全新优势。

◎ 数字世界有大量宝贵资源，企业要善于应用数字世界的新资源：一是数据，市场上海量数据都集聚在互联网上，应学习使用线上数据资源；二是人才，许多人才特别是高级人才都在互联网上工作，应充分利用线上人才资源；三是技术，各种云平台上集中 SaaS 专用软件，应以租赁形式用好线上技术资源。开发数字资源大有可为。

◎ 对事物的价值应该从时空大尺度来认知，从时间价值来看，许多事物近期难于产生价值，但随着时间的推延，其价值越来越大；从空间价值来看，许多事物小范围没有什么价值，但从大范围来考察，其价值越来越大。伟大的事物都要从大时空来创造大价值。

◎ 汽车的智能网联是个大平台，汽车行业将从独立的机械产品转向联网的网络平台，从"整车+零部件"的产业组合转向"平台+终端"模式，产业的掌控权由整车企业转向运营平台。网联汽车成为全新的智能生态系统。

第 177 讲　集群效应

商道案例

昆山是笔记本电脑的生产基地，全球上千家笔记本电脑的整机及零部件生产企业构建成产业集群，产量占全球 40% 以上。一部笔记本电脑有 900 多个零部件，方圆 5 公里以内可以配套。除了生产企业外，昆山还有许多服务企业。外资企业与本土企业相结合，产生强大的集群效应。有一家欧洲的笔记本电脑整机公司，在山东落户，由于缺乏配套设备无奈转移到昆山，充分体现了产业集群的独特优势。

点评

产业集群是产业生态系统，具有共生、共创、共享等优势。产业集群创造了巨大的群体价值。

管理论语

◎ 科技创新的范式正在发生新的变化：一是创新合作，从一个中心走向多个中心合作，进而走向无中心合作；二是创新生态，从地理空间集聚式生态方式，转变为创新主体、创新要素在互联网空间的平台集聚方式，进而转向完全开放式，顾客也参与创新；三是创新主体，创新从中小企业为主体走向大企业，大企业更多地担负基础技术创新和原始创新。

◎ 对于平台来说，运营大于建设，应该是三分建设七分运营，运营决定平台的成败。一是资源运营，平台上集中大量资源，应科学配置提高效率；二是客户经营，搞好供需对接，为客户创造最好的价值；三是服务经营，为平台上所有成员提供赋能服务。所有运营都要以数据为基础，以数据驱动业务。

◎ 区块链的灵魂是共识机制，共识是在链上所有成员达成的基础协议。协议首先是普遍同意，成为共同的认知，同时是信念或情感上的群体团结。有了共识机制就能进行决策，然后严格执行。区块链的执行机制是由机器自主执行，机器按照共识机制形成的决策自动完成。

◎ 科技发展大体分两个阶段：前一段以能量为驱动中心，如蒸汽机和电力都是将能量转换为机器的动力，目的是解放人类的体力；后一段以信息为驱动中心，如计算机、互联网和人工智能都是将数据转换为机器的智力，目的是解放人类的脑力。

第178讲　危机即生机

商道案例

携程、如家、汉庭三家公司当时市值超过百亿。回顾创业历程，集团领导认为，危机是企业发展的催化剂。携程公司是经历 2000 年互联网泡沫后诞生的；如家公司是经历 2003 年非典时期成长的；汉庭公司是经历 2008 年金融危机后发展的。由于遇到危机，企业把自己最优秀的力量调动出来，使自己的潜力发挥到极致，危机成为企业发展的最强动力。

点评

将危机作为发展机遇，化危机为转机，这是优秀企业的成功之道，也是危机对企业发展体现出的巨大价值。

管理论语

◎ 系统思考包括整体思考、动态思考和结构思考，三大思考相互联合在一起。核心是结构思考，结构的本质是联结。联结有直观联结和隐形联结。结构思考是对联结的顺序、层次、作用与关联的思考。通过结构思考找到系统的根本，洞察问题的深层次原因，从而获得解决之道。

◎ 在所有的场景中，人工智能都是三者的融合，即"人+AI+场景"。人始终处于主导地位，人的作用是创造；AI 一直处于辅助地位，AI 的作用是执行，但 AI 不单为工具，而是人的好伙伴，人与 AI 相互协作；场景是 AI 的实际应用，在特殊场景 AI 将产生新物种。

◎ 经验与智能是两大不同的性质需求。经验属于个体主观的实践总结，由于个体实践的有限性和不断变化的时效性，单凭经验来决策和行事会有差错。智能属于事物客观的数据运营，数据是客观的、即时的，将能自主产生精准高效的决策，提供智能解决方案。

◎ 面向未来必须投资未来，主要体现在两方面：一是年轻人，年轻人代表未来，特别要投资大学生人群，为未来社会的精英；二是数字资产，数字资产代表未来，实物资产会不断贬值，数字资产将与日俱增，因为数字资产越用越多，越用越有价值。

第179讲 数据收集

商道案例

数据是企业的宝贵资源，上海某投资公司对数据资源的收集高度重视，公司采取一系列措施进行数据集中收集。凡是员工接待客户后要填写表格，将客户数据收集归档。凡是员工外出，将外出的信息写成报告，作为数据资料收集归档。凡是员工参加企业外的会议和活动，将相关信息写成书面材料，作为重要数据资料收集归档。该公司将所有信息数据收集到数据库，通过整理供全体员工查阅使用，坚持数年起到数据共享的良好效果。

点评

数据在个人手里呈现碎片化状况，企业应将所有数据集中收集以实现共享，这里的关键在于建立制度机制。

管理论语

◎ 区块链应用的重点是发展联盟链。有共同需求的企业联合起来组织联盟链是必由之路。联盟链的核心是平台企业的建设，平台要集中解决好数据信任、数权公平和数产价值三大关键，为联盟成员全力赋能，在联盟链平台上实现共生多赢。

◎ 数字世界要拥有三大要素：第一是"数商"，提升对数的认知，确立数字价值观；第二是"数力"，掌握数字化能力，建立"数字大脑"；第三是"数产"，积累数字资产，使其不断增值。三大要素使人们在数字世界中生活更自由，从更高维度上发展，为物理世界赋能，从而创造意想不到的全新价值。

◎ 数字技术使物理世界提高"两度"：一是颗粒度，将事物微粒化，微粒越小越好，每个微粒都有计算。好似微积分，微分越小，积分越大；二是速度，在网络加速效应下，所有微粒产生高频互动、高效协同，提高系统的整体效率。"颗粒度×速度"，数字技术让物理世界可量化、可感知、可连接、协同更高效、决策更敏捷。

◎ 未来主要靠两类人来发展：一类是具有想象力的人，想象力是创造之源；一类是具备自我迭代能力的算法机器人，大量的工作交给智能机器，同时智能机器具有自我迭代能力。这是一个未来时代发展的必然。

第180讲 机器人员工

商道案例

数字员工已成为金融业职场"新宠"。平安银行使用的机器人员工,能够"看懂文字、听懂语言、做懂业务",有力协助自然人员工分担单调、重复、规则、耗时的工作任务,现在已经深入"前台—中台—后台"的业务全流程。机器人员工具备一岗多能、多岗多能,其使用费用的"年薪"水平仅相当于自然人员工的月薪水平,即1/12。同时,可实现7天24小时全年全勤工作,工作效率是自然人员工的5~20倍,具有较强的优越性。

点评

机器人员工的使用,不仅能替代"机械性"劳务员工,还能使转岗后的员工从事创造性工作,发挥更好的作用。

管理沦语

◎ 数字财富是当今时代发展快速、增长强劲的财富,应确立数字财富的新理念。将数字资源转变为数字资产,将数字资产不断增值,投资数字资产威力无穷。

◎ 数字化治理引领生产关系的深刻变革,是数字经济发展的保障。数字化治理是新型政府治理模式,一方面数字赋能政府决策的科学化,另一方面精准提供数字化公共服务。加快数字化治理是改革创新,将有力支撑国家治理体系和治理能力的现代化。

◎ 碳基世界与硅基世界的进化方式不同:碳基世界进化方式是自律定律,进化速度慢,以亿万年为进化尺度;硅基世界进化方式是摩尔定律,进化速度快,以年月为进化尺度。人类的发展与机器的发展,关键在于竞争学习速度。

◎ 当今,数字贸易蓬勃发展,数字贸易包括两大领域:一是贸易方式的数字化,主要是数字化货物贸易、跨境电商等;二是贸易对象的数字化,主要是数字产品和服务的贸易,如工程研发、保险金融、知识产权等。现在数字贸易呈指数级增长,成为数字全球化的必由之路。

第181讲 创新孵化

商道案例

武进高新技术开发区在机器人创新中心组织新型孵化器。高新区首先在全国举办机器人大赛，吸引国内外创客团队参赛，在大赛中发现高水平机器人开发团队，并将得奖的创客团队进入孵化器。高新区建立机器人开发者赋能平台，整合资源如机器人数据库、公共开发软件、基础开发工具等提供创客团队共享，同时对优秀团队进行投资和政策奖励，极大地提高创业的成功率和上市速度。

点评

新型孵化器是专业化、定制化的创新孵化器，关键要对创客团队进行赋能，加速其成长发展的进程，提升创业成功率。

管理论语

◎ 企业的软件大体可以分为两大类：一类是技术软件，主要与设备和产品相匹配，这类软件受重视程度高；另一类是服务软件，主要与管理和服务相匹配，这类软件就不太受重视，在服务主导经济发展的当今，服务软件显得更为重要。

◎ 产业生态系统主要包括"四大链"：一是产业链，将产业的上下游打通成链；二是服务链，围绕产业提供产前、产中、产后的系统服务；三是技术链，为产业发展进行技术开发和技术升级；四是应用链，不断拓展市场应用，实施跨界发展。

◎ 技术的发展路径长达9级。第一阶段1～3级是技术研究，使技术实现从0到1的突破。第二阶段4～6级是技术的验证，这是一个漫长的阶段，技术要在反复验证中优化发展，这是"死亡之谷"。第三阶段7～9级是技术运用，技术通过实践验证，然后应用于经济与社会，产生其应有的价值。

◎ "实体+数字"与"数字+实体"产生的价值是不同的。"实体+数字"使单个实体价值倍增，而"数字+实体"使无数实体价值倍增。例如，人教机器下围棋，机器通过数据学习，最后超过围棋手；而学习围棋的机器反过来教人，使许多围棋初学者超过围棋手。

第182讲 新工科

商道案例

当今工科院校的教育以理论学科教育为主，学生脱离社会实践，动手能力较差。武进高新技术开发区引进国际新工科教学，创新成果深受社会欢迎。新工科以项目制教学为主，学生按小组参与实体项目，边实践边学习。根据项目内容需求，老师进行理论教学，理论联系实际使学生印象深刻。项目结束后产生实体成果，使学生的动手能力大大提高。新工科是对现行教育方式的重大变革，体现了教育改革的全新方向。

点评

新工科是工科教育改革的重大创新，旨在理论联系实际，提升学生适应社会需求和未来发展的能力。

管理论语

◎ 复杂系统可能存在着不确定性，化不确定性为确定性，最有效的方法是数字化。数字化将复杂的业务转化为统一的数字，通过模型用数据流化解复杂系统的不确定性，优化资源的配置效率，实现系统的最优化。
◎ 信息化和数字化是两大运作方式：信息化是基于文档的信息流动，数字化是基于模型的数据流动。从信息化到数字化是系统的进化，从局部系统到全局系统，从封闭系统到开放系统，从机械系统到生物系统。
◎ 城市更新工程的发展前景十分广阔，城市"重组"是大范式。深圳蔡屋围城区，将传统的工商城区进行"重组"，叠加科创、文创和金融等多种功能，打造综合新城的大品牌，极大提升城区价值，开拓城区新高度，成为更新再造的典范。
◎ 新一代人工智能是虚实融合，通过发展线上的数字虚拟人和线下的实体机器人，人类与虚拟人、机器人共生的虚拟融合世界已经到来。由计算机图形技术与混合现实技术、虚拟现实等为支撑，对现实世界的表象和规律进行高逼真度模拟计算，从而呈现真实感的虚拟形象，这将是一场新的社会变革。

第183讲　关系数据

商道案例

浙江一家银行中小企业贷款，主要依据是数据信用。该行将企业数据分为两大类：一类是企业自身数据，重点是三张财务报表等，仅作为基础数据；一类是企业关系数据，作为核心数据。关系数据主要是与企业相关方面的外部数据，包括企业的投资者、企业的客户、企业的供应商、企业的合作方等，这些数据能反映企业的真实状况，对数据信用起到决定性作用。实践证明，关系数据为最有效的数据信用。

点评

事物本身的数据虽然重要，更为重要的是与事物相关的关系数据，关系数据最能反映事物的真实性。

管理论语

◎ 目标与指标是两个不同层次：目标是宏观的，起指导作用；指标是微观的，要具体执行。企业领导要实行目标管理，而不是指标管理。领导主要是制定目标，目标即任务，下级按照目标的要求自己定指标，自行完成指标。由于指标是自己定的，就能主动地创造性达成目标。

◎ 平台对成员的赋能主要有三大方面：一是自身赋能，平台自身建立多种能力，为成员共享赋能；二是整合赋能，平台整合社会资源，由第三方为成员服务赋能；三是相互赋能，成员本身都有专业能力，成员之间相互赋能。三大赋能交互作用，发挥平台的最大优势。

◎ 数学大师丘成桐长期在哈佛大学、清华大学、北京大学任教，在比较各国学生后，对中国学生提出三点要求：一是兴趣为先，不要以考试为中心，而要以培养兴趣为根本；二是一主多元，在集中学好主业的基础上，扩大多元知识面；三是问大于学，问比学更重要，善于问才有想象力和创造力。

◎ 经济学与生物学有许多共同之处，其基底层逻辑是一致的。主要是两大基本规则：一是生物进化，企业的发展与生物一样，持续进化，永不停息；二是自然选择，企业的发展与生物相似，物竞天择，适者生存。在数字化时代，生物学的方法是解决问题的理想方法。

第184讲　反复归零

商道案例

某大学薛教授长期在学校工作，21世纪初受阿里巴巴的影响辞职，第一次归零到阿里云工作，其间做出了重要贡献。当人工智能阿尔法狗围棋比赛战胜世界棋手后，他决定从阿里辞职，第二次归零专门从事人工智能工作，其创造的算力仅用谷歌千万分之一的资源。当了解到杭州"堵城"困境后，他又一次辞职，第三次归零投身交通信号灯项目，应用人工智能进行智能决策，取得较好效果。薛教授三次归零的动力都来自好奇心，每次都取得可喜的成果。

点评

归零思维是创新思维，唯有"归零"才能全力以赴，获得意想不到的成果，其中好奇心和兴趣为最大动力。

管理沦语

◎　75%是一个拐点，凡是事情达到或超过75%，应该说整体上已经解决。例如，双方商定某项事情，达到75%的认同，就会让人采取行动，愿意签订协议，所以必须抓住这个拐点，一鼓作气直至完成。75%是事情飙升整体效应的起点，这是突破性进展的宝贵之点。

◎　在复杂系统中既要强连接，又要弱连接。弱连接让系统具有活力和灵活度。弱连接的基数要大，才能产生稳定而密切的强连接。维系整个复杂系统的结构与秩序，不能只靠强势的组织模式，更需要超越现有框架的跨部门、跨层级的弱连接，弱连接具有强大的生命力。

◎　人工智能是"人工+智能"，有多少智能就有多少人工，因为机器需要训练，将大量数据进行模型试验，在不断试错中优化结果。没有人工的训练，机器就像"傻子"。所以，人与机器需要协作，其中人始终处于主导地位。未来人机的协作大有可为。

◎　大群体可以将众愚成智。产业群体是智能的超生命体，大量个体之间的交互作用合成一个更高层次的新秩序。其主要机制：一是简单规则，个体成员按照规则行动；二是正反馈信息，通过信息反馈不断强化；三是组织同步，所有个体实现同频共振。

第185讲 两个"美的"

商道案例

当今，物理世界正在向数字世界迁徙，实现两个世界一体化。美的集团率先打通物理世界与数字世界的界线，在两个世界运行：一个是物理世界的"美的"，做最好的产品和服务；一个是数字世界的"美的"，将实体映射为虚拟进行优化。在具体运行中，先将"现实美的"业务场景应用数字模型测算后，寻求优化的解决方案，得到数字智能的"虚拟美的"，然后再反馈到"现实美的"中，实现两个"美的"的最佳效果。

点评

虚拟与现实一体化是数字化发展的大趋势。首先在虚拟世界设计数字模型，经过迭代优化，然后进入现实世界，大大提高了成功的可能性。

管理论语

◎ 全球大都市不是仅属于某个国家的，而是全世界的。例如，硅谷是超大科技城市，是全世界的科技人才集聚地，应该是全球科技之都。纽约是超大商业城市，是全世界的工商企业人士集聚地，应该是全球商业之都。全球大都市是属于世界性的。

◎ 产业生态系统是新型产业组织，也是大型平台化企业。未来有两种企业组织形态：一种是构建产业生态系统，成为产业价值的组织者，在云平台上赋能中小企业；一种是参与产业生态系统，中小企业在生态平台上获取市场，得到资源，实现共生共享价值。

◎ 数据是具有时代性特征的全新生产要素。数据产生是一个体系，其价值十分巨大。数据价值化主要通过"三化"来实现：一是数据资源化，数据已成为战略资源，得数据者得天下；二是数据资产化，数据资源经确权、定价和交易成为数据资产；三是数据资本化，数据资产证券化转化为数据资本。

◎ 数字人与机器人是不同的两种形态。机器人呈现硬件形态，按照人的指令做算法操作；数字人呈现软件形态，按照图形计算软件行动。人与数字人之间是虚拟与现实的协同，人与机器人之间是业务与数据的协同，三者之间人都应起主导作用。

第186讲　全方位服务

商道案例

产业服务的新方向，从产品维保服务到内容服务进行全方位服务。国内著名家电公司对电冰箱的服务是全方位的：一是维保服务，免费上门服务从三年延长到五年；二是内容服务，内容服务是重中之重，如提供智能菜谱，将大厨经验和实验室长期研究结果提供给客户，同时将健康营养融入烹饪曲线显示在电冰箱上作为增值服务；三是延伸服务，为客户提供一键驱动的电饭煲以及炒菜机器人等。服务深受用户欢迎和赞赏，已成为企业的制胜法宝。

点评

服务已经渗透产品生命的全过程。全方位服务是新的竞争战场，企业要将服务创新作为发展的生命线。

管理论语

◎ 现在企业营销采用"跑马圈地"的模式已经过时，做增量生意难度越来越大，做好存量生意才是根本。现代营销之父菲利普·科特勒认为："企业获得新客户的成本是挽留现有客户的5倍，顾客流失率降低5%，利润就可以增长25%"，可见精细化营销已成为新的经营趋势。

◎ 企业能力要从三大能力走向四大能力。传统企业主要有生产能力、营销能力、研发能力，新时代企业要增加数字化能力。数字化能力将成为第一能力。数字化能力对传统的三大能力进行赋能，大大增强生产、营销、研发三大能力，对企业整体能力的发挥起到主导作用。

◎ 创业要建立三大核心，即客户、能力和资产。一是核心客户，创业首先要组建客户社群，特别要维护好核心客户；二是核心能力，核心能力是多元的，包括核心技术、核心人才、核心资源等；三是核心资产，实体资产是基础，核心资产是数字资产，积累数字资产将支撑创业的持续发展和长期价值。

◎ 人事管理上有个基本原则，就是进人要慢，出人要快。进人要慎重，必须把好进人关，种子好是首要的，而且进人容易出人难。出人要迅速，发现不合适的人，不要久拖不决，从速妥善解决。

第187讲　意外收获

商道案例

在美国小镇有一对年老夫妻夜间走进一家旅馆，他们想要住宿。前台服务员告诉他们"今天客已满"，看到这对老人疲惫的神情，侍者将老人领到一个房间住下。第二天老人到前台结账时，侍者说不用了，这是我的宿舍，昨晚我值班，空着给你们住的，老人听后十分感动。数月后，侍者收到一封信函，里面有一张去纽约的单程机票并有简短附言，聘请他去做另一份工作。原来上次接待的老者是一个亿万资产的富翁，富翁为这个侍者买下一座大酒店，请侍者去经营这家酒店，真是意想不到的收获。

点评

做好事会有好报，但不是为好报去做好事。不求回报做好事，将会得到意想不到的回报。

管理论语

◎ 融合制造是一大新趋势，融合已渗透各个领域，包括不同学科、不同技术、不同材料、不同工艺的融合，甚至文化与产业的融合。融合不是简单的叠加，而是相互渗透融为一体。融合使各方优势倍增，在制造升级中起到无可估量的重大作用。

◎ 企业落后的主要原因不是落后于竞争对手，而是落后于用户的需求。市场需求是不断变化的，竞争的关键在于谁更能及时满足客户需求，谁更受用户的喜爱。企业真正的核心能力是进化力，而竞争是为了不断自我进化。

◎ 质量是不断发展升级的，新的质量4.0为"顾客感知质量"，提出顾客感知价值理论，是将顾客对价值的感知作为决定因素。其管理模式是以用户为纽带的新型模式，围绕用户综合体验，提供相关产品和服务的共同发展。

◎ 数字化经历三个阶段，数字化1.0是单项信息化如OA，其职能作用不大；数字化2.0是企业内部信息化，代表性的是ERP，仅是企业内部资源的优化配置；数字化3.0是企业内外部信息化，进而为全价值链的数字化，包括产供销一体化的资源优化配置。这样的数字化将发挥企业的最大优势。

第188讲　智能推荐

商道案例

智能推荐是企业对客户的深度理解，从人找商品到商品找人。拼多多公司的核心竞争力是智能推荐，与同类型公司相比，拼多多总是多一层智能推荐。例如，客户在拼多多上搜索"无锡排骨"，第一层关联推荐是"三凤桥"，再多一层关联推荐是"四喜丸子"。又如，客户在拼多多上搜索"鸡肉"，第一层关联推荐是"鸡胸肉"，再多一层关联推荐是"运动文胸"。这不是传统的关键词匹配，而是拼多多基于对客户模型的理解，精准地进行智能推荐。

点评

智能推荐已成为商家的常态，精准地智能推荐是基于大数据的分析，深度理解客户需求及潜在需求。

管理论语

◎ 从生命的视角来观测万事万物，可以更好地理解世界。为此，企业应向复杂的生命体学习。生命的基础是"存在性"，即，要让生命存在下去，企业生存正是如此。同时，生命的发展是"开放性"，生命需要和外界不断进行物质能量交换，企业发展更在于持续开放。

◎ 服务业的发展趋势主要在三大方面：一是产业服务化，一产、二产和三产都在走向服务化，以服务为主导；二是服务业数字化，数字技术与服务业融合，大大提升服务价值；三是服务业全球化，服务贸易与日俱增，未来服务贸易将超过商品贸易。

◎ 未来经济向"三新"发展：一是新基建，新基建是未来经济的"底座"，主要是数字基础设施建设，逐步从硬件走向软件；二是新产业，新产业不是新兴产业，而是传统产业的数字化，所有传统产业都要通过数字技术赋能成为新产业；三是新城市，新城市要以数字为基础，成为数字驱动业务的全新城市。

◎ 区块链是自然之力，一种无法被关闭的系统，一种全新的数据存储方式，一种自主生成的数字算法。这是因为区块链的根本为共识机制，由加入区块链的成员形成统一共识，这种共识是共生、共创、共享的基础，也是强大的自治力量，由数据和算法自主运营而成。

第189讲　内创业

商道案例

企业内部创业是新的发展趋势，其中典型的是字节跳动公司，公司所有产品都是内创业成功的。公司鼓励内部员工与外部创客结合组建创业团队，由公司平台提供主要资源和条件，产品生产经营由创业团队独立运营，并按照股权进行分配。公司对创业团队有严格要求，关键是有没有持续的、意想不到的内创产品，到一定期限如果达不到标准就关停。字节跳动之所以会出现许多奇思妙想的产品，就是将内创业做到了极致。

点评

内创业是全新的企业机制。无论是新兴企业还是传统企业，都可以将企业建成员工内部创业的平台。

管理论语

◎ 新电商不是初期的网络营销，电商已经向系统工程发展，从设计、采购、制造、销售到服务环节形成了闭环，构成电商生态系统。电商服务生态系统越来越重要，价值比重越来越大，服务会走向专业化、技术化、人性化。

◎ 世界首富贝佐斯总结了七大赚钱思维：（1）低谷和困境能够产生价值；（2）顾客永远是对的；（3）保持危机感；（4）打造有趣的企业生态系统；（5）牢牢把握问题的关键所在；（6）创新让企业成为独一无二；（7）所有的伟大都是熬出来的。

◎ 先进制造业包括两大块：一是生产加工，二是制造服务。从价值链角度分析，生产加工占40%，制造服务占60%，价值链的重心已经向服务转移。制造服务包括研发设计、供应链运营、市场营销、生产性服务等。随着数字经济的发展，大量数字服务应运而生，将产生众多新兴服务业。

◎ 历史上重大技术革命涉及两代人的变革，一次革命性技术变革的周期长达50年左右，蒸汽机、电力、互联网都是如此。第一代人创造新的技术大约20年；第二代人应用新的技术大约30年。

第190讲　开发右脑

商道案例

哈佛大学泰勒博士认为，人通过转移专注力可以达到开发右脑的能力。右脑是人的"祖先脑"，储存从古至今人类进化过程中遗传因子的全部信息，右脑的信息存储量是左脑的100万倍，为人类创造力的源泉。

点评

当今，开拓右脑的潜能具有重大现实意义。随着人工智能的发展，人类主要从事创造性工作，右脑对创造能力起到决定性作用。

管理论语

◎ 全球化城市的发展有三个阶段：第一阶段是本地化发展，将城市自身搞大搞强；第二阶段是拓展区域，在提高城市首位度的基础上赋能周边地区的发展；第三阶段是连接全球，与全球重要节点城市强化互动发展。

◎ 从兴趣出发的科学研究具有创新性。究其原因：一是兴趣为原动力，兴趣没有外在压力，大都是内在的动力，其动力出自内心。二是兴趣为无约束，其研究较为自由，最大限度地发挥其创造性。

◎ 为解决数据挖掘与隐私保护的平衡，最佳的办法是数据不动而动程序。通过调试与运用环境分离的分析技术，实现数据可用而不可见。分布式云平台就是如此，数据是分布式的，由各场景建立数据库，需要使用时由云平台协调，彻底解决"盗数"之痛。

◎ 在创新生态系统中，培育生态领导者较重要。生态领导者的组织形式主要是平台企业，平台将大量中小微企业组织起来，进行服务和赋能，使整个生态系统形成共生、共创、共享价值的新机制，平台应在生态发展中应运而生。

第191讲　正确的难事

商道案例

做正确的难事已被大家认同，现在要做正确的难事才有未来。"生鲜电商"要围绕客户解决三大难题，叮咚买菜正是做正确的难事成为行业中的头部公司。叮咚买菜的主要举措：一是保证品质，从产品的田头开始，确保供应链每个环节的质量；二是畅通物流，农产品全过程冷链配送，确保产品新鲜；三是按时送货，确保每单29分钟内送达客户。"三个确保"都是应用大数据和人工智能技术，使客户满意。

点评

容易的事已经做完，做难的事才有价值。唯有把正确的难事做好，企业才有真正的竞争优势。

管理论语

◎ 宇宙有个重要的比例常数，即78:21:1。78%是系统中的主体，为基础工作；21%是系统中的主导，为关键工作；1%是系统中的核心，为决定性工作。78:21:1具有普遍意义，成为所有系统的普适规律。

◎ 企业中业务运营起到决定性作用，三分业务七分运营，对于平台型企业尤为重要。运营有三大作用：一是适配作用，运营将需求与供给进行适配，满足用户需求；二是协同作用，运营将各种资源进行协同，提高适配效率；三是分配作用，运营将创造的价值进行分配，实现价值共享。

◎ 线上与线下是平行世界，物理与数字是平行世界，实体与虚拟是平行世界。在一个世界中解决不了的问题可以到平行世界的另一个世界中去解决，进而将两个平行世界融合为一体，从而实现最优化。

◎ 微信是人与人的连接器，微群将人们连接成社群。许多企业利用微群的社交形式，将其变为组织的管理工具。在企业内外按不同类型及功能组织众多微群，起到加强沟通，替代会议和分配任务等重要作用。

第192讲　创业感言

商道案例

上海浦东张江高科技产业园有位成功的创业者，当记者采访问到创业最大的感言时，这位创业者说了两条肺腑之言：第一思想开放，这是从战略上讲的，战略决策不要固守老思想，一定要开放思想，广泛吸收各种新思路，才能有好的决策；第二善于否定，这是从战术上讲的，在具体的路径上要善于否定，只有不断调整方能实现目标。"思想开放"与"善于否定"是统一的，两者结合作为创业的中肯总结。

点评

创业的经验有许多条。从创业的创始人来说，"思想开放"与"善于否定"两条总结十分精辟。

管理论语

◎ 新的形势下，企业供应链正呈现三大特征：一是供应链多元化，供应商不是一个渠道而是多个渠道，多方供给资源；二是供应链属地化，在地区范围内布局供应链，就地配套为主；三是供应链数字化，应用数字技术组织供应链，在云平台上用数据运营供应链。

◎ 企业要提高数字化战斗力，主要从三个方面构建：第一数字思维，从主要领导到团队都要确定数字思维，着力提高"数商"；第二数字能力，企业要将建设数字能力作为新的核心能力，以"数字大脑"赋能业务能力；第三数字人才，全员学习数字技术，学会在数字世界中生存与发展。

◎ 做正确的事已成为常识，也就是说将正确的事作为决策之根本。要深化认知，将做正确的事提升到"做正确的难事"。凡是容易的事已经没有价值了，唯有"正确的难事"才有价值。许多难事看似很难，其实从源头上突破并不难，源头就是数字，数字化能化难为易。

◎ 传统的全球化是以"物"为主导，现在已经走到尽头；新的全球化是以"数"为主导，现在刚刚开始。数字全球化有两重含义：一是数字贸易，以数字产品作为贸易的载体，未来数字资产越来越多，成为贸易的主体；二是数字技术，应用数字技术进行贸易，以数字流驱动业务流。新全球化是应用数字服务世界。

第193讲　电商生态城

商道案例

江苏宿迁市大力发展农村电商，打造电商产业生态城：一是引进电商龙头企业，由京东集团建设京东云小镇和京东智能城，带动4000多家农村电商企业。二是发展电商服务业，建立电商产业全程服务网，重点建设智慧物流全国运营调度中心。三是促进跨境电商贸易，培育跨境电商贸易产业聚集地。四是开拓电商直播，成为全国十大淘宝直播之城。宿迁现已成为国内文明的农村电商生态城。

点评

农村电商生态城是创新之举，建设产品生态体系，大大提升产业竞争力，迅速形成品牌效应。

管理论语

◎ 产业服务化是大趋势，现在各种基本业务都成为价值的载体，而服务却成为价值的主体。如汽车、机器人、家用电器等，生产环节创造的价值已经固化，真正创造新价值的是服务环节。开发服务价值才是产业的新增长点，将成为产业未来发展的最大价值空间。

◎ 用户数据已成为创新源，用户是使用者，最了解使用者的问题，成为最好的创新源。例如，医生通过对病人病历数据的分析，就能精准地配置药物，这正如中药一样，对症下药开药方。医生将病历数据库进行系统研究，找到规律性的认知，这对于新药的研制起到决定性作用。

◎ 在大数据中，仅有1%～2%的特征数据有用，其中98%～99%的数据是"无用"的，起到试错的作用。98%～99%的数据是基础数据，随着场景的改变，可以转化为特征数据，这里无用而那里有用，今天无用而明天有用。由于机器试错速度快、成本低，总能在大量数据中找到特征数据，围绕场景将问题解决。

◎ 21世纪企业的竞争力体现在"终生用户的数量"上，没有终生用户的企业是没有未来的。"终生用户"要不断强化体验来满足其需求，精心设计用户体验是一切伟大产品的灵魂。产品体验要渗透每个场景，使用户到处都有"心动"的感觉。"终生用户"是未来企业最大的财富，一定要精心维护。

第194讲　首问负责

商道案例

e袋洗平台是国内专业从事洗衣智慧服务平台，平台组织"互联网+"收送衣、洗衣、换衣等业务，为客户提供系列化服务。对于客户的投诉，传统办法由洗衣店负责，多花费时间长。e袋洗平台决定实施"首问负责制"，由平台对客户的投诉直接负责，以解决服务之"痛"。对于需要赔付的投诉，由平台先处理，然后交洗衣店解决。平台对洗衣店进行面向客户的考核，及时调整不合格者，使客户服务形成闭环，受到广大客户的好评。

点评

客户投诉服务要实施"首问负责制"，由平台首先处理，然后交给供应商处理，这就从根本上解决客户的服务之"痛"。

管理论语

◎ 知识管理有两种方式：以物理介质承载和表达知识的方式是固定僵化的，受到时间与空间的巨大限制；以软件承载和表达知识的方式是灵活可变的。软件是数字化的知识，将知识写入软件可以储存、编辑、打印、复制。软件是知识的应用和创新，可以实现人与知识分离，已成为知识的最佳载体与容器。

◎ 场景数字化是落地的最后一公里，要将场景、专业技术、数字技术相互融合三位一体。一是颗粒细化，场景颗粒度越细越好，获得数据越丰富，方能找到关键点；二是软件迭代，应用软件主导硬件，通过试错迭代，不断优化算法；三是边缘计算，在场景边缘完成数据智能，实现智能解决方案。

◎ 企业中的设备等硬件的利用效率仅为50%～60%，主要是工艺和流程不合理所致。软件是解决硬件效率低下的关键，通过数据迭代，软件起到优化工艺和流程的作用，从而提高硬件的效率水平。同时，软件可以根据需求的变化，不断升级带动硬件效率的提升。

◎ 高自动化不等于智能化。自动化是静态的，不能适应不断变化的需求。智能的本质是对变化的适应性，智能化是动态的，随变化而应变。智能化不仅是简单的适应变化，更能预判变化，变在变化之前。所以，不要盲目追求高度自动化，而要不断提升智能化水平。

第195讲 无条件承诺

商道案例

新冠肺炎疫情期间，对旅游行业带来前所未有的冲击。大量旅游项目被取消，产生众多客户退款潮。面对巨大的退款需求，国内某旅游公司无条件承诺退款。这是数十亿元的资金缺口，该公司首先将积累的现金流先给客户赔付，同时与上下游主要是航空公司和酒店集团进行沟通，得到国内企业的支持。但国外公司按国际惯例，凡不可抗力因素可不给客户退款，该公司努力说服，最终绝大部分都及时承诺无条件退款，取得了良好的社会信誉。

点评

面对不可抗力的自然灾害，坚持承诺无条件退款是美德，这种大道守信精神是企业最好的品牌。

管理论语

◎ 数据的关键不在于业务的本身，关键在于两类数据：一是关系数据，即业务数据之间的关系数据。相关性才是知识，最为有效的是数据；二是动态数据，即时变化的数据，变化的数据才是最为重要、最为需要的数据。关系数据与动态数据对机器学习起到决定性的作用。

◎ 企业发展始于产品，成于生态，终于科技。创业开始要集中精力打造好的产品，作为发展的根基；创业进入成长期，应围绕产品建立生态系统，以利迅速做大规模；企业发展到最后必须立足于科技，科技始终是发展的源头，源远方能流长，实现可持续发展。

◎ 软件以产品卖给用户是"削足适履"。每个通用软件到业务场景中是很难适用的，因为各场景的业务都是个性化的。卖软件就是要求场景业务适合软件，势必是"削足适履"。如果要改动硬件，使用成本就很高，唯有更改软件和升级软件，适应场景业务要求，才是发展之"道"。

◎ 平台型企业的商业模式是九个字：一是好场景，选择具有发展前景的主题作为平台好场景；二是大生态，围绕用户整合社会资源建立平台大生态；三是深服务，赋能各方成员提供平台深服务。九个字为一个整体构建大系统。

第196讲 首席体验官

商道案例

用户体验是产生购买的首要因素。在北京国际车展上，吉利汽车集团总裁兼CEO（首席执行官）安聪慧宣布，他有个新职务即首席体验官。吉利汽车认为用户体验极为重要，作为衡量用户对产品和服务满意程度的重要标志。吉利汽车体验用户情感、喜好、认知印象、行为成就等各个方面，解决用户的"痛点"，对潜在消费者的购买决策产生重大影响。在CEO重视用户体验的同时，吉利汽车要求全体员工建立用户体验体系，全过程为强化用户体验，收到意想不到的效果。

点评

用户体验是品牌口碑的源头，公司首席执行官担任首席体验官，这是企业提升竞争力的不二选择。

管理论语

◎ 物质、能量与信息三者的关系体现在：物质是基础，能量是动力，信息是灵魂。对于企业来说，物质对应实体是发展的基础，能量对应资本是发展的动力，数据对应信息是发展的灵魂。在实体上插上两个翅膀，一个是信息网络，一个是资本运作，企业的发展就会实现腾飞。

◎ 软件化变革是发展大趋势：产业在软件化，在产业平台上，大量公共软件云化后实行共享；企业在软件化，软件主导硬件，组织系统不断升级；产品在软件化，应用芯片和嵌入式软件，提高智能化水平。随着人工智能的应用，软件正在定义一切，向软件化方向加速发展。

◎ 转变学习方式已刻不容缓，人工智能的大规模应用逼迫学习方式的加速变革。新的学习方式是：项目式学习、团队合作学习、多学科融合学习、探究式学习等。人工智能将成为最好的学习辅助工具。

◎ 企业投资的新方向集中在两大方面：第一是增量投资，主要投"三新经济"，包括新产业、新模式、新业态，重点投向科技和人才；第二是存量投资，主要投传统产业，不投低水平产能扩张，重点投向科技创新和数字化转型企业，从而提高企业的发展水平，存量投资是投资的新重点。

第197讲 "卖水"之道

商道案例

"农夫山泉"的成功可以总结为一句话:"找准这个时代消费市场最主流的饮料,并成为主流饮料中最主流的品牌。""农夫山泉"坚持多年做"卖水"产品,始终定位于"天然健康",将核心产品做精、做透,在消费者心智中树立起"农夫山泉有点甜"和"大自然的搬运工"的美好形象。

点评

企业要坚持做好核心业务,在战略上只有"简洁"才能形成竞争优势,进而成为长期优势,这是不变的取胜之道。

管理论语

◎ 经营用户要求企业横向发展,以企业的核心业务为基础,延伸到用户需求的多种业务,这就需要企业横向跨界发展。实施跨界发展有两条路径:一是组织异业联盟,跨界合作共同为用户提供服务;二是购并企业,增强为用户创造价值的能力。

◎ 特斯拉汽车的定位不仅是电动汽车,而是大型移动的智能终端,由四个轮子加智慧电脑组成。通过互联网将硬件、软件、服务和内容四个方面的集成运行,实现人与汽车的智能化交互,成为汽车行业的"新苹果"。

◎ 连锁企业的发展有三种方式:其一是自营投资企业;其二是加盟合作企业;其三是合作运营企业,即由投资者控大股,自己投小股,同时全权负责运营。第三种模式的优势具有较大发展空间,将成为连锁企业的主流发展模式。

◎ 人工智能包括感知智能、认知智能和行动智能。感知智能和认知智能的价值最终要靠行动智能体现出来,所以行动智能成为关键。行动智能主要是人机协同,要将人的知识与机器学习有机结合。人的作用始终起主导作用,人机协同大有可为。

第198讲 长线思维

商道案例

美国亚马逊创始人贝佐斯的发展之道是长线思维，主要体现在三方面：从战略维度看，亚马逊不是从过去定现在，而是从未来定现在，使战略始终踏准时代潮流；从决策维度看，亚马逊的发展时长不是近期的三五年，而是七年以上甚至更长；从投资维度看，亚马逊不是看短期小回报，而是着眼于长期大回报。为此，亚马逊已成为全球市值最高的超级大公司。

点评

长线思维最大的优势是竞争对手少，按照事物发展规律不断从小到大超越任何竞争者，企业的发展是长跑。

管理论语

◎ 企业要将"客户资产化"，重点做好三件事：一是建立客户社群，要作为企业生态系统中的首要部门；二是强化客户体验，通过自媒体进行互动，让客户参与企业的经营；三是保持长期关系，通过经营客户建立长期客户，特别地，企业VIP要成为永久客户。

◎ 新消费主要体现在三大需求：一是健康需求，大健康已经呈现消费的新热点；二是快乐需求，娱乐、旅游等消费不断高涨；三是学习需求，从小孩到老人都需要学习，教学培训消费持续发展，新消费已从商品转向服务。

◎ 互联网是不断进化的，第一次进化是从基础固定互联网走向移动互联网；第二次进化是从普通互联网走向智能互联网；第三次进化是从信息互联网走向价值互联网。互联网的每次进化都催生新的技术，移动互联网产生智能手机；智能互联网产生人工智能；价值互联网产生区块链，从而推动数字化的不断发展。

◎ 无形资产已经成为企业的核心资产，主要由三方面构成：一是客户，客户资产化是新要求，企业要自建客户资产，为最重要的资产。二是技术，技术特别是专利和"诺呼"为企业的核心能力，成为竞争力的载体。三是数据，数据是全新的资产，其增值效应超过实物资产。客户、技术、数据三大无形资产对企业发展起到决定性作用。

第199讲　吃饭话题

商道案例

斯坦福大学的师生们都是在一起吃饭，把用餐的地方作为绝好的见面场所，把吃饭作为工作时间的延伸，在吃饭中间交流信息，激发灵感，寻找合作契机。师生们谈论的话题主要有两大方面：一是科学前沿的信息和研究方向；二是创业项目的内容和模式等。这充分体现了斯坦福大学的独特风格。

点评

斯坦福大学的好校风是制胜之本，师生们将吃饭的话题放在学习、工作和研究上，值得我们学习借鉴。

管理论语

◎ 边缘数字化的作用越来越大，其具有明显优势：一是数据安全，由终端产生的大量数据保留在场境内，相对安全性较高。二是快速计算，由小区域网关进行计算，数据处理速度大大加快。三是有利优化，在场境内实施迭代优化方便快捷。

◎ 量子是物质最小单元的统称，量子实质是一种状态，量子态为量子振动的频率，也就是数字。从这个意义上讲，量子与数字具有同一性，这是因为量子是物质最底层的结构，数字是事物最底层的逻辑，量子世界的不确定性要依托数字世界来解决，化不确定性为确定性。

◎ 商业生态系统是知识交流的"多边平台"，平台中所有成员起到相互赋能的作用。各成员都拥有显性、隐性知识，甚至核心技术。平台通过共享和优势互补，加速商业生态系统的知识流动和知识创新，对环境变化和市场需求做出快速协同反应，从而提升整个系统总体价值，实现系统的共同进化。

◎ 平台化企业是行业性的服务提供商，主要提供三大服务：组织资源服务，在开放的平台上，让所有资源无障碍地进入平台，实现动态优化；二是协同生态系统，在大平台上建立产业生态系统，实现协同运行；三是协调多方利益，实现各方利益最大化。

第 200 讲　产品气质

商道案例

国内某公司生产的皮鞋，在国内创立品牌后进入欧洲市场，受到包括意大利消费者的欢迎。意大利皮鞋协会每年要对进入市场的皮鞋组织质量展开评比，该品牌皮鞋所有技术指标都是优，与意大利同类皮鞋一样，但评比得分为 99 分。对此该公司十分不解，要求评委专家说明为啥不能得 100 分。评委专家认为该品牌皮鞋的气质不够，只能得 99 分。最后的 1 分是皮鞋的"神"，也就是气质，属于精神层面。

点评

产品由物质层次的品质和精神层次的气质构成，气质是产品之"神"，起到画龙点睛之作用。

管理论语

◎ 社群已成为社会主流组织，做好社群的运营十分关键：首先是内容，要有优质的内容提供社群成员；其二是体验，内容必须有好的体验，强化自媒体的情感宣传；其三是交互，通过社群交互，由群友自动产生内容。

◎ 互联网一方面产生市场网络，在网络上进行电子商务；一方面产生网络市场，这是一个全新的市场，主要是专业人才市场。这个市场有大量"高手"，工程师市场、设计师市场、软件人才市场等各种专业人才都能在网络上为整个社会提供服务。

◎ 当今新生代的主要特征有五个方面：一是喜欢为第一，兴趣提高幸福感；二是独立、奋斗，具有挑战性；三是生活在兴趣社群之中；四是崇尚商界精英，勇于创业；五是以娱乐为伍，追求快乐。这是"努力工作，努力玩"的新一代。

◎ 清代状元张謇是个传奇式人物，他的伟大集中在三个"大"：第一大是格局，变革图强是他的宏大志愿；第二大是胆略，事业开拓遍及经济、社会和民生等方面；第三大是拼搏，不畏艰难，奋斗不息。

第201讲 咨询广告

商道案例

美国广告公司为发展创新模式，首先将公司经营情况发布在报刊上，一个星期后又在该报刊上刊登问卷调查，请读者填写。问卷分两部分：一是回答公司经营情况的选择题；二是对公司发展的建议题，如公司发展战略、公司商业模式、公司发展规划等，实际上是对公司进行咨询，凡是全部完成的读者，公司奖励10美元，这种咨询型广告会起到意想不到的效果。

点评

咨询型广告针对性很强，不仅使读者对公司有全面了解，更重要的是读者提出的咨询建议对公司具有较大价值。

管理论语

◎ 一位国际象棋冠军总结竞赛的三条经验：一是大局观，竞赛中不要拘泥于一子一棋，始终把握全局；二是胜在于彼，关注对方的问题点；三是心态稳定，心要放松，脑要专注，赢在好心态。

◎ 企业数据已成为第一资源。数据主要来源于三方面：一是基础数据，如企业基本情况、人数、设备、厂房等固定数据；二是业务数据，主要是用户数据、生产数据、运营数据等动态数据；三是知识数据，员工长期积累的经验知识，这是重要的企业数据。

◎ 新的商业模式的着力点是人而不是物，产品和服务是切入人的始点而不是终点。企业经营应以用户为着力点，用户身上有个价值网，产品和服务是冰山一角，仅为价值网中的一个节点，挖掘用户身上的价值网才是根本，价值网具有无限想象力。

◎ 创业要研究沉没成本，创业初期往往着急，只有投入没有产出，看不到明显的业绩，这就是沉没成本。种子在土壤中生根是缓慢的，一旦出土就茁壮成长。生根是培育核心能力，一定要有耐心。天没有亮，太阳正在路上。

第202讲　概率优势

商道案例

深圳某实业公司投资上千万平方米的地下停车场,生意红火,收益稳定。五年前,公司老板留出一半的面积投资科技孵化器,对进场的科创企业不收租金,而要求占1%～2%的股权。当时有100多个创业团队进入孵化器,公司请有经验的专业人士帮助经营。五年后,创业团队大部分都成长壮大,其中三家创业公司已经上市。公司老板将1%～2%的股权变现,其收入数倍于全部面积停车场的收益。

点评

风险投资是概率优势,对于个体而言是不确定的,而对于群体而言是确定的,这是概率优势的价值。

管理论语

◎ 大企业的领导者往往是思想者,当然有思想的企业家不一定成功,但成功的企业家一定有思想。在一个全球化竞争的市场中获胜,取决于企业家对未来的判断和预测,没有深刻的思想难以把握未来的发展。

◎ 想象力是人类最宝贵的能力。想象力是一种虚构力,是由好奇心构建的美好思想,它没有实体的存在,然而具有巨大的创造力。从物理世界走向数字世界需要想象力来支撑,现代人要学会在数字世界进行虚拟工作和生活,实现虚拟现实一体化,使人类进入全新的发展境界。数字世界"唯虚乃大"。

◎ 劳务员工和知识员工的企业组织方式是不一样的。对于劳务员工来说,一般是管理者与打工者的关系。对于知识员工来说,可以是平台与个人的关系。知识员工具有更多的自主性和灵活性,企业提供平台让知识员工的专长、兴趣和客户实现更好的匹配。

◎ 企业失败的原因很多,大多不是因为技术而淘汰,而是被顾客所淘汰。许多企业离顾客太远,甚至越来越远。例如,传统商店的边缘化,并不是被电商打垮,而是被网民所抛弃。网民的需求才是传统商店新的追求。

第203讲　跨界思维

商道案例

现代科技综合性越来越强，需要通过跨界思维实现融合创新。东南大学顾教授科研理念的核心就是"交叉集成"，为了研究人体器官芯片，顾教授团队将人体干细胞、生物材料、纳米加工等前沿技术通过交叉集成，用芯片制作微缩器官，模拟制作跳动的心脏、呼吸的肺、流动的血管。例如，从病人身体中抽取3毫升的血液，利用干细胞和编程技术，将心肌细胞落进芯片中，模拟病人真实的心脏环境，从而使器官芯片替代临床试验，解决个性化治疗。

点评

跨界思维显得越来越重要，不仅学科建设需要通过交叉集成，经济发展更需要跨界整合，特别是跨界思维的复合型人才较为难得。

管理论语

◎ 监管和内控主要从两大方向创新：一是监管赋能，监管不是为管而管，而是对业务进行赋能服务，解决业务的"痛点"。二是监管科技，监管要应用新技术，特别是数字新技术，由数据来驱动监管驱动内控。

◎ 终局思维十分重要，从当下推演到未来，然后站在未来看现在，其核心是"以终为始"的逆向思维。创业者如果思考企业的发展终局，知道自己现在所做的事，未来的最终结局，就会产生比较清晰的思路，具有更强战略驱动能力和解决长远问题的能力。

◎ 科技与市场的关系要正确理解。从宏观层面来考察，产业的发展靠科技来引领，科技推动产业发展；从微观层面来考察，企业的发展决定于市场，市场需求推动科技研发，科技与市场是紧密结合的。

◎ 产品从有用到有趣是时代的要求，对于新生代的需求要有新的认知。产品有用是基础，为需求的必要条件；现在光有用还不够，更需要有趣和好玩，有趣好玩已成为关键，为需求的充分条件。有用的产品仅是载体，有趣好玩才是重要的附加价值。

第204讲　迁移学习

商道案例

特斯拉公司的创始人马斯克的学习方式为迁移学习。他在40岁时，就已经建立了四家价值数十亿美元的公司，而且跨多个不同领域。所谓迁移学习就是将一个场境中学习到的东西，应用到另一个场境中，也包括将一个行业应用到另一个行业。马斯克有一套独特的两步迁移学习方法：第一步，将知识解构为基本原理和思维模型；第二步，将思维模型重新构建成独立的领域，把两者有机融合，从而进入全新领域，获得"超能力"，迅速做出独特的贡献。

点评

迁移学习方式是全新的学习方式，马斯克的两步迁移学值得借鉴，这是实现快速创新的有效途径。

管理论语

◎ 全新的制造是"原子制造"。制造不再是物质间的加工组合，物质本身的原子可以游动、生长、按照设计"长"成新样态。而车间将可能被一台仪器替代，让产品自主生产出来。微观与客观是完全不同的，微观的粒子是动态的、变化的、自我生长、自主演化的，遵循量子科学的规律。

◎ 工业粮食是不断升级的，传统工业的粮食是钢铁，工业以钢为纲，钢铁为所有工业的基础，有了钢铁"心中不慌"。新工业的粮食是芯片，新工业是"智能工业"，芯片是智能工业的基础，有了芯片同样"心中不慌"。芯片是不断升级的，高端芯片为新工业的"心脏"。

◎ 供应链的发展方向是敏捷供应链，现在不确定和多变是常态，与此相适应需要敏捷供应链。供应链要适应两大变化：一是需求的个性化，要求供应链是柔性的，随需求而灵活可变；二是供应商的变化，断链要求供应链及时调整，从一条链转向另一条链，迅速做出反应确保供应。敏捷供应链的关键在于数字化能力。

◎ 1975年是人类与自然界实现资源平衡的转折点，也就是人类每年资源消费量与自然界每年资源生产的增量相当，一旦超速就造成生态资源赤字。长此以往，自然界的资源将消耗殆尽，这时人类的生存与发展将受到巨大威胁。

第205讲　群体智能

商道案例

苏州一家机器人公司，专做扫地机器人，已成为全国最大的扫地机器人制造公司。最初生产的扫地机器人供各家客户单个使用，无法将使用数据收集起来。为此公司提供联网机器人，将各家各户的扫地机器人联成网络，一方面通过收集使用数据，以利改进产品；一方面各家扫地机器人的应用场景不同，汇集不同场景的数据供机器人相互学习，使机器人越来越聪明，形成群体智能，大大超过单个机器人的水平，受到广大用户的赞赏和好评。

点评

单个机器人的数据有限，难以提高其能力。众多机器人联网，将各种场景的使用数据相互学习，发挥群体智能威力无穷。

管理论语

◎ 体验时代已经到来，产品同质化使功能成为基础，而顾客体验成为主导。顾客体验感，要从售前、售中、售后的诸多环节，真正将顾客的内心需求放在心上，要制造惊喜感，获得连接感，极大提升消费者品牌认知度。

◎ 从零售市场的需求分析来看，目前商品零售仅占十分之一，而服务零售要占十分之九。随着人们生活质量的提高，相对来说对商品需求越来越小，而对服务需求越来越大，为此电商的发展也要从实体电商走向服务电商。

◎ 海尔创造的"人单合一"管理模式是企业管理的重大创新。"人单合一"的核心在于如何创造价值，"人"是员工，"单"是用户需求，将员工和用户紧密结合，共同创造价值。同时，公司应用物联网技术，来实现两者价值创新最优化。

◎ 全新的搜索模式为知识图谱，一种基于图的数据结构，从语义层面来理解用户的意图，全面提升搜索质量。知识图谱将事物分为实体与关系两大类，以实体为基础，以关系为主导，从"关系"的角度来分析问题，通过语义网络来认识关系。

第206讲　敢于试错

商道案例

著名主播薇娅的"发家史"是一条不断试错之路，初始阶段她从做服装生意到电子商务并不顺利，经历了亏损、卖房、再亏损、再卖房直至成功。薇娅最大的特点是看准方向的事敢试，机会都是试错后成功的。薇娅曾在采访中说过："我有个习惯，想到就去做，哪怕先失败了，我也无所谓。我不怕失败，但是如果不做的话，我怕赶不上"。薇娅直播就是先人一步，在敢于试错中取得辉煌业绩。

点评

机会到来时，不需等"万事俱备"，而是行动第一，在试错中不断创造条件，逐步将机会转化为成果。

管理论语

◎ 数字化是"变化"技术，现代社会是"变化"社会，事物的复杂性和多变性充满了不确定性。数字化的最大优势是解决不确定性，使不确定性转化为确定性。这是因为采用大量实时动态的数据，通过模型算法来正确决策，以变化适应变化，甚至预判变化，就能以变而应变，这是数字化的解决之道。

◎ 从发展大趋势来看，企业营销中交易环节的附加值越来越小，而服务环节的附加值越来越大，服务创造高价值。为此，不能以交易来判断企业的盈利，因为企业的利润正在递延，由交易向服务递延，由主产品向副产品递延。

◎ 美国的西雅图和硅谷都是科创型城市。西雅图的高科技企业重于做长线，使企业基业长青，如亚马逊、微软、星巴克等是著名大企业。硅谷的高科技企业长于做短线，许多创业成功后将企业卖掉。两种模式各具特色，而西雅图模式应该更好。

◎ 成功的企业家有"两高"的显著特点：一是高情商，企业以人为本，内有员工，外有客户，做人比做事更为重要，情商高成为做人的必然要求；二是高悟性，商机稍纵即逝，知识贵在应用，领悟极其重要，悟性高成为做事的必然要求。高情商加上高悟性能够成就优秀企业家。

第 207 讲　第二曲线

商道案例

企业发展要布局第二曲线，即在老产业到达新高峰前，决策第二曲线新产业，实现可持续发展。江苏某公司老产业为电力电缆和通信光纤的生产，由于产能过剩都已进入高峰后期，需要布局第二曲线产业。在新产业选择中，该公司坚持"两高"原则：一是高协同发展，新产业要与老产业在技术或市场上协同；二是高科技含量，新产业起点要高具有较高科技含量。为此，公司选择超导材料作为第二曲线新产业。超导材料用于通信市场是新的升级，科技水平要求较高，完全符合"两高"原则。现在超导材料已从产品试验进入产业化，取得较好的发展。

点评

第二曲线是企业发展的必然要求，关键在于新产业的选择。高协同发展和高科技含量有"两大"准则，其具有强大的发展前景。

管理论语

◎ 未来教学的变革方向主要有三方面：一是创造性教学，不是标准化的应试教学，而是自主性的创新教学；二是面向社会教学，从学校走向社会，参与社会实践；三是团队式教学，不是各自为战，而是鼓励加入团队，融入多元化团队，以适应人工智能时代的到来。

◎ 人工智能不断发展，机器逐步替代人工，大量业务由机器来完成。人们的工作时间大大缩短，柔性办公、云上办公将进入常态。

◎ 一种新的营销方式值得重视，这就是"集客营销"，其核心是建立营销的专业社区。通过互联网将专业人群集合起来，组建专业性社区，人们进行互动和体验，增加人群的活跃度和黏性。集客营销具有较强大的生命力。

◎ 企业经营管理的新趋势呈现四个"变"：一是企业变轻，从重资产经营走向轻资产经营；二是层级变少，从纵向管理走向横向管理；三是团队变小，从大锅饭经营走向小团队经营；四是边界变淡，从企业内经营走向企业外经营。

第 208 讲　新基建

商道案例

建设创新基础设施是新基建。上海某科技公司为新药研制建立创新基础设施十分必要。一般新药研制要花十年时间，而且成功率仅为 10%。该公司从两方面入手构建新药创新基础设施：一是建立"产业大脑"，即新药产业"超级数据"公共平台，为新药研究减少 90% 的重复工作；二是建立"产业互联网"，即新药研制的协同服务平台，为新药生产提供集成服务，这是全新的产业创新模式。这种新模式为新药研制减少了 50% 的成本，缩短了 50% 的周期，取得极其明显的成效。

点评

创新也要建设基础设施，建立产业创新的底层操作系统，为整个产业的创新服务，能大大降低创新成本，缩短创新周期，是产业创新的好模式。

管理论语

◎ 对全社会来说，创业成功最重要的因素是对失败的容忍度。这主要体现在两方面：一是失败与成功相比，失败的次数远远大于成功的次数，失败是创业中的常态；二是失败是成长的阶梯，创业中成长重于成功，唯有不断试错，方能不断成长，成长的积累逐步走向成功。

◎ 生物与人类都是在不断迁徙中发展的，由于生存和发展环境的限制，向更有利的发展空间迁徙成为必然。当前人类正在进行两大迁徙：一是从线下向线上迁徙，拓展人类的发展空间；二是从物理世界向数字世界迁徙，提升人类的发展维度。

◎ 成功的企业有一个秘密规律，就是好企业要有好搭档，在成功企业当家人的身旁，常常有一个十分得力、与之配合默契的搭档。全球著名企业微软公司、脸谱公司、戴尔公司、索尼公司等都是如此。好搭档会起到互补优化作用，共同打造最优秀的企业。

◎ 当今，免费是获得用户的最好路径。在互联网时代，唯有免费才能形成用户规模，而只有用户群，才能获得真正支付的顾客群，这是全新的营销法则。收费是个系统，基础业务是不能收费的，增值业务和定制业务方可收费。

第209讲　非标生产

商道案例

零部件的非标准生产技术难度较大，生产批量较小且不断变化。苏州一家专做非标生产的公司，主要为科研机构提供非标准零部件，其主要特点：一是定制化，承接国内外科研市场定制零部件订单；二是分布式，由于定制要求高，需要多家企业合作生产；三是云服务，建立云计算平台，对供需方进行多方面动态匹配，并予赋能服务。公司需要强大的数字化能力，包括海量数据库、多场景的算法模型，现已形成产业生态体系，在同行业中名列前茅。

点评

非标生产工作难度大，但发展空间大。随着科技创新的不断深入，市场对非标生产的需求越来越大，提高企业数字化能力成为应对之策。

管理论语

◎ 重结果与重过程呈现不同状态，重结果无疑是好的，但缺少过程中的各种数据。重过程积累了过程中的大量数据，这是宝贵的财富。既能总结经验教训，又能积累科学数据，对于优化结果具有重要的作用，最好的办法是将重过程与重结果有机结合。

◎ 在自然界的螺旋式演化中，进化与退化是交互的，在少量物质进入高层之际，大部分物质退化到低层。自然界中大部分物质以冗余和随机涨落的方式，成就少数物质的脱颖而出，这就是自然界进化的基本规律。

◎ 现在大企业特别是头部企业都建立开发者平台，围绕一个新产业或一项新技术组织大量创客到平台上来开发创业，平台提供基础服务和公共资源。一方面对项目开发者进行孵化服务，一方面对优秀项目进行投资，这是建设创新创业融合发展的全新生态体系。

◎ 有两种新产业：一种是传统产业数字化，传统产业应用数字技术进行改造，呈现全新模式，数字赋能形成新产业；另一种是数字化传统产业，数字技术主导传统产业，呈现全新业态，数字基因形成新产业。第二种新产业更具生命力。

第210讲　系统集成

商道案例

从产品生产到系统集成是重大进化。苏州一家电缆公司是生产电缆的优秀企业，由于国内生产能力过剩，该公司将电缆生产转向以电缆产品为核心的电力工程建设系统集成，现已承接"一带一路"多个国家的电力总承包工程，即 EPC 项目。系统集成涉及多种专业人才和技术的跨界合作，公司通过多年努力，现已形成系统集成的完整体系，进而向资本经营和数字化平台发展，取得了明显的经济效益和社会效益。

点评

从产品生产到系统集成，其核心是集成服务，要形成一条完整的服务链。传统企业走向服务型制造是必由之路，其发展空间大有可为。

管理论语

◎ 在数字经济蓬勃发展的当今，以往传统经济中的成功者有的已顺利转型，但以往越是成功越是难以转型，甚至埋怨拒绝，这是因为路径依赖的强大惯性。传统企业死于变化，成于转型。

◎ 对于经济发展来说，短期因素主要是投资、消费和出口三方面的总和；长期因素是由科技、教育和投资三方面决定的。科技为首要因素，经济发展已经从经济决定科技转变为科技决定经济，科技对经济的作用是决定性的。教育培养人才，支撑科技的发展，投资的重心将是科技和教育。

◎ 未来世界是超级平台与超级个体的结合。首先是超级个体，其本质是拥有大量数字资产和数字能力；其次是超级平台，其本质是数字生态系统，为超级个体赋能服务。超级平台与超级个体在动态发展中融为一体，共同创造超级价值。

◎ 外包将成为常态：一是记忆外包，把记忆能力外包给搜索引擎，人的大脑主要从事创造工作；二是协作外包，把协作外包给网络，每个人都专注于自己的主业；三是体力外包，把体力外包给机器，人主要发挥智力，用好数据。

第211讲 产业生态化

商道案例

江苏巨邦环境工程集团生产的环境设备在国内已形成了品牌。近几年，该集团向产业生态发展，首创城乡环境综合服务新模式，从投资、咨询、运营到设备研发定制等入手，为小城镇提供"七位一体"的全方位整体服务，包括城乡环卫管理、物业管理、垃圾分类资源利用、垃圾收集转运、河道治理、农村小型污水处理等，实现城乡环境运营专业化、一体化和生态化等措施。巨邦环境工程集团通过多年的努力，在全国城乡取得了显著成效，创造了独特的新品牌。

点评

从产品生态走向产业生态服务是大增值。现实需求是综合性的，单项产品服务解决不了用户需求，产业生态服务方能满足用户的整体需求。

管理论语

◎ 科技行业中的头部公司主要做两层工作：一是底层数据，大量采集行业中的各类数据，建立海量动态数据库；二是顶层算法，科学建立行业中各种算法，以智能算法赋能各类业务。数据与算法是头部公司的主体。

◎ 数字化是转换机器，将旧机器换成新机器。"两化"融合是基础，关键是谁融合谁。传统信息化是在旧机器上换几个新零件，但整个机器仍是旧的；数字化是换新机器，在新机器上可以用老零部件，主要是换软件。新机器与旧机器的根本区别是思维的变革，必须是全新的数字思维。

◎ 社交营销正在风起云涌，要从三个方向推进社交营销：一是大社群，组织大型社群加强人气，这是社交营销的基础；二是好内容，内容既要有好的价值，又要有好的市场前景，这是社交营销的核心；三是自媒体，通过直播等形式增强体验和互动，这是社交营销的关键。

◎ 对成功的认知十分重要，一个人成功与否不在于财富的多少，也不是地位的高低。真正的成功在于：一是潜在能力，将自身的潜在能力最好发挥；二是潜在价值，将自身的潜在价值最大发挥。

第212讲 工业大数据

商道案例

工业大数据前景广阔。常州某科技公司以"纺织大数据"为核心,利用大数据云处理技术,打造纺织产业互联网平台,主要提供纺织数据信息采集配对、纺织贸易信息服务、纺织圈APP服务、纺织管理软件系列应用等,为纺织企业解决信息不对称和建立纺织大数据模型做了大量项目,为中国纺织产业的转型升级做出重要贡献。"纺织大数据"平台不仅为企业取得丰硕效益,同时为金融、外贸和政府提供全方位的数据服务,受到多方好评。

点评

"纺织大数据"是行业的典范,所有产业在垂直领域都应建立工业大数据,成为整体产业的平台,为产业数字化提供大数据服务。

管理沦语

◎ 事物都是由两大方面组成,既相互作用又相辅相成。两大方面的关系,论重要性都极为重要,任何一方都离不开另一方;论作用性,总有一方起决定性作用,在时空过程中变化。从发展趋势看,软与硬的关系,软的起决定性作用;虚与实的关系,虚的起决定性作用。

◎ 金融的重要功能是风险管理。传统金融的风险管理立足于"防范人",主要依靠人管人以及制度管人。新金融的风险管理立足于"相信人",主要依靠科技及系统。监管科技是应用大数据和区块链技术进行风险管理,大数据对企业和个人建立数据信用,区块链对企业和个人数据上链,进行智能合约管理,从而使防范人转向相信人。

◎ 人类的创造力在一生中有两大高峰期:一是职业生涯早期,约25～29岁,在创造中挑战传统智慧,勇于提出新思想新方法;二是职业生涯晚期,约50～57岁,通过知识储备和经验积累,实现综合性突破,人类应善于把控好两大创造高峰期。

◎ 一个公司的发展速度,由"发动机"和"刹车"共同决定。"发动机"很重要,决定公司的发展动力,动力足则发展快;"刹车"在一定程度上比"发动机"更重要,决定公司发展的稳定性。"刹车好"就有故事,"刹车不好"则有事故。

第213讲 灯联网

商道案例

南京某物联网公司经营最新技术的光量子灯具，节能效率为90%，仅用传统灯具10%的电量。该公司以灯为载体，通过物联网打造"灯联网"，每个灯座都是居于位置的物理节点，建立"数据基座"。以灯为基础，以数为主导，连接众多场景，提供大量增值服务。除照明主业外，有交通服务、健康服务、农业服务、安全服务、运维服务等。应用数据赋能建设跨界发展的产业生态体系，将成为百亿级的数字经济体。

点评

"灯联网 + 数据基座"是全新模式，通过广泛连接实现数据赋能，就是构建跨界发展的产业生态体系。

管理论语

◎ 发展与进化是两个不同的概念，发展是主观的、人为的，进化是客观的、自然的。人生要建立毕生进化的理念，在人生通路上有各种曲折和障碍，应遵循自然的法则，善于迭代自觉调整，不断实现自我进化。在毕生进化的过程中升华人生的价值。

◎ 数字化技术体系分为三大层次：第一层次是数字技术架构，主要由网络、服务器等硬件组成，为数字技术体系的基础；第二层次是数字技术平台，主要由数据和系统等软件组成，为数字技术体系的核心；第三层次是数字技术应用，主要由具体场景的数字化应用系统组成，为数字技术体系的结果。架构、平台和应用三位一体形成数字化技术体系。

◎ 机器与机器之间互联成网络，是物联网的应用基础。机器成网后，相互之间要建立信任关系，才能产生智能。机器之间的信任唯一方法是采用区块链技术，建立智能合约，使机器间的信任自动生成协同运营。区块链技术在物联网和智能制造中的应用大有可为。

◎ 商务谈判需要四部曲：一是开场白，二是询问，三是说服，四是达成协议。成功达成协议有三个简单步骤：第一小结，用一句话重提先前的核心要点；第二下一步，提出下一步见面的时间、地点和方式；第三询问，了解对方接受提议的情况。

第214讲 微业贷

商道案例

微众银行为170万企业提供微业贷，贷款无需抵押质押，无需纸质资料，无需线下开户，全部在线上操作。微业贷的审批、放款可谓"神速"，从客户发起申请到完成审批平均仅需4分钟，从发起借款到成功申请平均仅需2分钟，不良贷款率始终维持在1%左右。实现微业贷无需依赖供应商、经销商主体信用数据，重在交易数据、债项数据、物流数据等数据的数字化、线上化、智能化，以云计算等技术为支撑，建立"数字化营销＋互联网融客＋大数据内控"的新模式。

点评

微业贷是对小微企业的普惠型贷款，其核心是掌控企业大数据，通过数据模型分析，决定借款和控制风险，充分体现数字金融的新优势。

管理论语

◎ "量子计算＋人工智能"是全新的时代，全社会运行产生的各种大数据，将各种社会现象原本背后的数学逻辑，各种经济事件背后蕴藏的数学概率，都会被破译，届时万物深藏的底层密码和运行规律都将豁然展现在人们面前，这是人类未来的发展图景。

◎ 传统经济在"特定市场"，通过规模经济取得竞争优势，为纵向专业经济。数字经济在"跨界市场"，通过范围经济取得生态优势，为横向合作经济。基于算法、算力、数据等新基建关键要素，应用共享复用的范围经济，使得跨界生态合作成为常态。

◎ 企业发展战略主要是定方向，最重要的有三个要求：一是前瞻性，对发展潮流站得高看得远；二是差异化，追求与众不同的核心能力；三是动态平衡，战略不是固定不变的，在取势与取实中掌握动态平衡。战略既要定方向，又要定尺度，实现定性与定量的有机结合。

◎ 当今社会最明显的特征是VUCA：V代表多变，U代表不确定，C代表复杂，A代表模糊，综合起来就是不确定性，这主要是新科技革命带来的影响。随着新科技的加速度发展，不确定性将越来越大。解决不确定性更有效的办法是掌握不断变化的数据，通过数据和模型以变应变，化解不确定性。

第215讲 组合创新

商道案例

北京中关村建立前沿技术创新中心，为科技企业提供市场化、专业化、国际化集成服务。前沿技术创新中心创造"要素聚合、主体协同、文化融合"的创新创业生态，引导进园区的高新技术企业"大手拉小手"，进行组合创新。例如，某科技公司是一家物联网技术服务商，诞生于中关村内的微软加速器。公司主要提供自主研发的物联网核心通信芯片，而其语音识别方案是一个邻居企业提供的，其设备制造工艺来源于附近高校。科技企业之间互相了解后，神奇的组合创新就应运而生。

点评

科技创新创业要建立一个优化的生态系统。在这个生态中，众多科技公司共生、共创、共享进行组合创新，将产生无限的创造价值。

管理论语

◎ 企业与市场的关系，正在向两大方向深度融合：第一市场的企业化，在企业内部进行市场交易，将经营主体小微化，应用市场竞争提高其活力与能力；第二企业的市场化，将企业的生产能力、技术能力、营销能力等功能进行市场化运作，为全社会服务。

◎ 自发秩序是自然界的基本规律，自然界是如此，人类社会也是如此。优秀个体与自治社会组织结合就能产生自发秩序。在疫情期间，由于在线工作迅速掀起，大量小微组织与单位参与商业变换，形成新的商业体，从而使创业企业快速增加，这是自发秩序的典型涌现。

◎ 人类将从原子时代进入量子时代。原子时代是经典世界，属于三维世界。量子时代是新世界，属于N维世界，甚至为无穷维世界。量子是各种微粒子，遵循量子力学的规律。随着粒子数的增长，描述粒子系统所需的信息量呈指数级增长。

◎ 企业数字化转型的整体解决方案由四大板块组成：一是"端"，前台是众多智能终端；二是"网"，各种场景的产业互联网；三是"云"，自己建云或上公有云；四是"数"，建立"数据大脑"。"端网云数"四大板块形成一个数字化体系。

第216讲　厚德载物

商道案例

著名民营企业家曹德旺创办福华玻璃集团，在中国、美国、德国等建立数十个基地，成为全球最大的汽车玻璃品牌企业。企业家曹德旺的成功在于"厚德载物"四个大字。他提出赚钱的四个理念：一是赚实业的钱，坚守实业，一步一个脚印做玻璃企业，不搞房地产、不搞金融等多元化；二是赚干净的钱，坚持不偷税漏税，不贪图小便宜；三是赚自己的钱，扎扎实实依靠自己赚钱，不图政府补贴，不靠优惠政策；四是回馈社会，他热心慈善事业，已捐款1200亿元，并从施财走向施教，成就大善。

点评

厚德载物是企业家的较高境界。企业家曹德旺追求真善美，他认为施财是小善，施教才是大善，将自己的思想与经验授传给社会。

管理论语

◎ 未来家庭将发生重大变革：一是单亲家庭，一些年轻人追求自由，不想结婚、不想生孩子，单亲家庭越来越多；二是社群家庭，一些志同道合的人群组建社群家庭；三是人机家庭，智能机器人进入家庭，与家人共生成为家庭成员，其数量可能超过家人。

◎ 华为的人才观有"三个边界"：一是打开组织边界，实现人才的社会化；二是跨越专业边界，重用"之"字型复合人才；三是突破发展边界，人才以责任结果为导向。华为的人才挑战性大，实现自我价值也大。

◎ 人类发展中有三大动力：第一是利益动力；第二是精神动力；第三是信息动力。信息动力来自好奇，好奇是最大动力。由于好奇，人类从非洲起源走向全世界大陆，走向海洋，走向太空，就是不断走向未知。好奇心是探索未知最伟大的精神。

◎ 企业管理理论走向协同管理。协同管理要应用数字新技术，主要有三条途径：一是网络协同，通过网络解决信息孤岛，产生互联协同；二是软件协同，硬件是分立的，通过软件连接实现集约协同；三是数据协同，数据将物理世界融合，从而形成智能协同。

第217讲 自我进化

商道案例

盒马生鲜是生鲜电商的成功品牌，那么盒马生鲜的竞争力是什么？大家认为盒马生鲜有更好的客户体验，有低成本、低价格的海鲜，有更优的服务业态等，这些都是盒马生鲜的基础竞争力。盒马生鲜最核心的竞争力其实是不断自我进化的能力，从盒马鲜业到盒马菜场，再到盒马 F2 等不断地演进。今天看到一个商业模式，过几天又发生变化为另一个业态，这就是不断实现自我进化的表现。

点评

在不确定性时代，应对不断的变化，最大的创新就是不断自我进化，这是企业适应新时代的核心竞争力。

管理论语

◎ 高维与低维是相辅相成的。从认知问题角度，要从高维求得全面的本质认知；从解决问题角度，要从低维来降解，应用简单的方法来求解。这正如微积分，通过综合思维建立微分方程，不断降解应用四则运算来求解微分方程。

◎ 企业发展有两条路线，一条是关注业绩增长，重点追求得到更多资源，获取短期的利润，但往往是越想增长，却距离想要的增长越远；一条是关注价值创造，重点为用户创造更多的价值，谋求未来的利益，通过积累价值实现更大的发展。着眼于用户，着眼于未来，是企业发展的两大基本立足点。

◎ 绿灯思维是一种新的思维方式，当遇到不同意见时，不是反驳而是思考。具有绿灯思维的人，持有开放的心态，将新知识作为提升认知的好机会，绿灯思维者是社会上进步最快的人群，也是最受欢迎的人群。

◎ 所有高手都不走捷径，而是把事情做到极致。根据专家的数据统计，工作做到 60 分，仅有 20 分回报；工作做到 80 分，只有 60 分回报；工作做到 99 分，就有 99 分回报；工作做到 100 分，就有 1000 分回报；工作做到 101 分，就有 10000 分回报，总之唯有极致方出奇迹。

第218讲 重在方式

商道案例

"优客工场"经过三年时间孵化出数千个创客团队。"优客工场"不是单纯的创业空间，而是将创业空间做实，提供全方位服务。团队建立 700 多个服务机构组成创业服务联盟，既在线下服务，也在线上服务，成为全国较大的创业云服务平台。团队在平台上设有数以千计的 APP 服务系统，得到创客们的欢迎和赞誉。优创工厂已经超越创业空间，成为新的工作方式、新的学习方式、新的生活方式，从而实现了工作学习生活一体化。

点评

对于创客团队不是需要简单的创业场所，而是提供一种方式，创造工作、学习、生活融和一体的全新方式。

管理论语

◎ 企业发展主要是抓住机会而非解决问题。这是因为问题是面向过去的，就事论事解决问题，往往是解决了小问题，而失去了大机会。机会是面向未来的，大的机会会稍纵即逝，抓住大机会不但能赢得未来，而且许多小问题也相应迎刃而解了。企业发展应追求机会的最大化。

◎ 创新有两种类型：一种是连续性创新，在原有的道路上持续性创新，一般有 10% 的增长空间，属线性级创新；另一种是非连续性创新，转换道路的结构性创新，将带来更大的增长空间，属指数级创新。两类创新的根本在于换道，换道方能超车。

◎ 新零售相比传统零售在本质上有四大类营销：一是体验，无商品体验不营销；二是社交，无客户社交不营销；三是服务，无服务优化不营销；四是数据，无数据主导不营销。上述四个方面是营销的前提，而商品成交仅是结果，新零售的关键在于机制。

◎ 数字化与数字技术属于两个不同层次。数字技术是工具，通过数字技术赋能物理世界。数字化是决策，从经验决策走向数字决策是革命性的。数字决策是科学决策，其本质是智能，智能达成最优化，实现决策的精准、高效和及时。

第219讲 金融科技

商道案例

金融科技是金融产业的大升级。中国平安是金融科技的突出代表，其最大特点是集金融、生态、科技三位于一体，并使之相互赋能形成循环。一是科技赋能金融，平安应用数字新技术提升整体业务水平；二是生态赋能金融，平安为综合性金融公司，各种金融构成生态系统，交互协同发展；三是科技赋能生态，平安的金融生态系统建立在云平台上，提供智能云服务。现在平安已有一半子公司为科技型公司，10万员工中四分之一在科技型企业中工作，科技已成为平安的标志。

点评

未来的金融是科技型金融，特别是数字技术已经成为金融发展的强大动能，金融科技前途无量。

管理论语

◎ 年轻人择业应考虑三个维度：第一维度是热爱，热爱是根本，对职业要有兴趣，这是工作的原动力；第二维度是空间，空间是关键，应有提升认知的空间；第三是利益，利益是基础，职业维持生计，基本利益应得到保障。这三个维度要综合平衡，才能找到理想的职业。

◎ 唯虚乃大，虚的价值远大于实的价值。文字是虚的，与实体相比，文字的价值更高，实体都是由文字来表达。数学是虚的，与物理相比，数学的价值更高，许多物理问题最后都要用数学来求解。互联网是虚的，与线下相比，线上的价值更高，因为互联网无边界即时化的。

◎ 新工匠是数字工匠。工匠精神十分重要，但工匠精神不是传统的工匠，而是数字化新工匠。例如，新裁缝不是传统的手工量体裁衣，而是应用大数据分析后的机器裁衣。新工匠要学会与机器协作，在机器智能的基础上发挥个体经验的作用。

◎ 新时代的智能产品由四大基本模块构成，主要是动力部件、执行部件、互联部件和智能部件。智能产品具有功能灵活性、易扩展性、可管理性和安全性，实现可监测、可控制、可优化。智能产品将以数据为基础，以云服务为中心，全面走向定制化。

第 220 讲　智人启示

商道案例

在人类进化史上，唯独智人胜出成为现代人。主要经历了四大变革：一是空间变革，智人从非洲迁徙到欧洲、亚洲、澳洲拓展发展空间。现代人要向互联网的线上和云端迁徙；二是工具变革，智人从旧石器时代进入新石器时代，使用更加先进的工具。现代人要使用人工智能等数字技术新工具；三是组织变革，智人组织人群合作，强化发展的力量。现代人都组织社群，生活在各种社群圈子中；四是思想变革，智人发挥想象力，相信虚拟场景。现代人要从物理世界走向数字世界。

点评

智人进化的四大变革，即空间、工具、组织和思想的变革，对现代人的启发很大。人类进步史就是不断变革的历史。

管理论语

◎ 海底捞的经营原则是"造人优先"，主要考核两大指标：一是顾客的满意度；二是员工的工作积极性。关键是处理好人与生意的关系，一个个具体的、不同的人影响一个个具体生意，唯有做好了生意，顾客满意了，利润是水到渠成的。

◎ 所谓自我管理就是专注长处，一个人要有所作为，关键靠发挥自己的长处。每个人的长处都是在做自己感兴趣的事中逐步积累的，要珍惜长处为我所用。同时，我们要注重汲取新知识、学习新技能，使长处不断强化、卓尔不群。

◎ "大平台＋微组织"已经成为优秀企业的最优组织方式。微组织直接面向用户创造价值，大平台主要是赋能。平台要发挥赋能作用，其关键是建设好数字化的后台。后台非常复杂，既要将企业资源科学地分配给员工，又要相互协同组织，使整体价值最优发挥。

◎ I+We=成功，这里 I 为个体，We 为群体。首先要从 I 即个体开始，充分发挥每个个体的价值，这是不可或缺的基础；然后将个体融入群体，通过个体间的连接和互动形成群体效应，就会产生强大的指数价值，从而获得大的成效。

后 记

《新管理商道——钱教授讲堂案例分析与点评》一书，是南京大学钱志新教授关于数字时代管理新变革的总结与思考。新著是不断积累的过程，尽管花费了大量心血，但仍存在不尽人意之处，敬请广大读者指正。

在成稿过程中，我的学生和子弟殷明、陈新宇、冷雪做了大量编辑整理书稿的工作，在此一并表示衷心感谢！

钱志新